阅读成就思想……

Read to Achieve

WORK SMARTS

What CEOs Say You Need
to Know to Get Ahead

对话最伟大的头脑

世界顶级CEO的工作智慧

［美］贝蒂·刘（Betty Liu）◎ 著

岳跃 ◎ 译

中国人民大学出版社
· 北京 ·

前言
你准备好了吗

你可能刚大学毕业……

你一心想着要升职……

抑或是，你刚被炒了鱿鱼……

不管处境如何，你总是需要一些建议，一些真正的建议。怎样才能出人头地？万事开头如何变得不难？怎样在身陷囹圄时重新振作？你的另一半和你的妈妈总是对你说"你是最棒的"，可如果你想在事业上更上一层楼，他们的这些话就不管用了，因为并不能让你实现目标。所以，你需要从华尔街上得到一些真正的建议。

你若对开篇列举的任何一种情况感同身受，那么这本书就是为你而写的。

这也是为我自己而写的一本书。

我的工作就是采访那些事业如日中天的人：首席执行官、经济学家、政策制定者、企业家。不知不觉，我开始思考他们为什么能坐到现在的位置？为什么我们一提建议就是"追随你的激情"等诸如此类的老生常谈？为什么就不能得到些真正的建议，来帮自己把兴趣爱好和专长技能在某一领域发挥到极致？到底是什么让我们踟蹰不前？又是什么让他们奋勇前进？

没有谁的职业生涯是完美的，就拿我的来说吧，也是在犯错误和被拒绝中交织进行。这就是为什么在我的内心深处，认为这本书也是为我自己写的。曾几何时，你有没有夜不能寐，脑海中一直在演练一段对话或会见的场景？没错，我就有过这样的情况。心里在纠结会不会词不达意，是用"我应该"还是用"我可以"？这些常用的表达不断地在我的脑海中闪过。每当要去老板办公室向他阐述一个观点时，我就会很发愁。怎么说才合适？当然，我认为很多人都和我一样。到底怎样才能得到一些建议呢？

有一个段子说，曼哈顿的心理医生比警察还要多。如果你想进一步了解，那么我们可以看一组数据：根据国际教练联合会 ① 推算，在美国，每 3 200 人中就有 1 名人生规划师。可在 10 年前，"人生规划师"这个词还鲜为人知。这足以说明，人们都在寻求建议，尤其是当就业机会减少、形势严峻时，这种需求更为强烈。

始于 2007 年的那场经济衰退，让大约 900 万人失去了工作。虽已过去多年，新增工作机会达到了同期的最高值，但就业形势却依然比较严峻。新增岗位需求要么来自制造业，要么来自汽车行业，而金融业或许再也不能重现昔日的光景了。我们赚的钱越来越少，这是因为收入在过去 10 年间没怎么增加，而物价却在持续上涨。虽然现在有了一些就业机会，但其中很大一部分只是兼职或者低收入工种。尽管这些可以让失业率在数值上有所降低，但对于刺激经济和增加就业来说只是杯水车薪。

我不是想打击你，我只是想告诉你现实的情形。很多人都是于茫然之中开始了自己的职业生涯，他们希望一切都顺风顺水，可这又不是买彩票，光靠运气是不行的。一位 CEO 告诉我，他最大的遗憾是

---

① 国际教练联合会（International Coaching Federation，ICF）是一个致力于促进教练职业化发展的非营利社团，是目前世界上唯一一家可以颁发全球承认教练资质的机构，在 106 个国家拥有超过 18 000 名会员。

没能在年轻时好好规划一下自己的职业生涯。还有另外一个人，他现在身家几百万美元，有自己的公司。他说，在他看来，很多人最容易犯的错误是对自己的事业过于消极被动。"凡事皆有因"，我对这句话深信不疑。至少你应该向自己保证，要尽己所能抓住一切可以抓住的机会。

我不光是想要讨论"我是如何开创自己事业的"这类话题，我还要讲一些让职业生涯变得成功的小技巧。

如何社交？

怎样提出加薪？

如何克服恐惧？

怎样让自己受欢迎？

不管是男性还是女性，这些问题你都会遇到。一直以来，我都在写作和做研究，Facebook 首席运营官谢丽尔·桑德伯格（Sheryl Sandberg）的书《向前一步》（*Lean In*）引起了广泛的热议，大家纷纷把目光聚焦于职场中的女性平等。我很高兴 Facebook 的首席运营官能关注这个问题，但同时也给了我一种感觉，女性在职场中总是一无是处。事实上，男性和女性在工作中犯下的错误是相当的，谢丽尔在书中讲到，在社交、师徒关系、薪水等问题的处理上，男性和女性都有所欠缺。我的一位男性友人经常抱怨，怎么就这么点儿工资。其实，问题不在于他的性别，而在于他只是不擅长向老板提出加薪。

所以，如果你想知道涨工资的最佳方法，那就看看这本书吧。如果你曾揣摩过老板的心思，这本书也会帮到你。如果你想知道怎么把生意做到最好，想知道最成功的 CEO 们是怎么犯错误和被炒鱿鱼的，看看这本书吧！这里应有尽有。别再把你的头埋在沙子里了，睁大双眼去发现，你将获得去看待世界的新视野。

事业成功与运气

人们总是在问，我是如何踏进电视圈的。

他们之所以好奇，是因为我干电视这行是"半路出家"。当时我因怀孕生小孩离职，可以说，在这个节骨眼儿上转行是最不合时宜的了。我不仅要放弃一直在做的工作，而且还要在有了孩子后努力去适应一份新的、富有挑战性的工作。

在职业生涯的转变过程中，我上了两堂非常有价值的课。

一堂来自我的电视播音老师，虽然她教的东西和电视风马牛不相及。

一位电视猎头对我讲（实际上是在我离职前好几年），如果你真想做一些和电视直播有关的工作，就得请一位专业的老师来教。于是，根据她的推荐，我在纽约找了一位老师。其实，整个课程只有一天的时间，授课地点在这位老师的私人办公室里，这个地方是不是她的我还有点儿怀疑。或许是那种出租的地方，专门给那些做小生意的人提供的场所。

她迎面走来，把我引进了一个白色的小房间，桌上铺着几张报纸。在接下来的一个小时里，她让我朗读报纸，就像播电视新闻稿那样读。"播得再投入些，注意突出重点！"她指导着。读了几十篇后，我开始走神。心想，就这些稿子，还能读出什么花样来吗？我觉得我已经着重处理了的地方，在她听起来仍然觉得很平淡。我上这节课到底是为了达到什么效果？不就是想要报道好新闻吗？我一直在问自己，为什么我要学如何读稿子？她开始让我有些反感，我甚至不喜欢她的头发。她的方法真的有用吗？付给她的费用真的值得吗？我满脑子都是这样的胡思乱想。至于"我要让自己变得更优秀，要得到一份好工作"的想法，早已被我抛到了九霄云外。

发现我有些不满情绪后，她一屁股坐了下来。

"我知道这种练习会让人很挫败，"她说道，"我是在帮助你得到一份更好的工作。你开始对我有些反感，其实你真正反感的是这个过程。这是不对的，你要知道好多人都想做你现在所做的事情。"

她站起身，拿了一支黑色马克笔在白板上写下几个字。

机会 + 准备 = 运气

"贝蒂，你知道这是什么意思？"

"嗯，知道。"我冷冷地回答道。

"不对，你能真正领悟它的内涵吗？"

我盯着她看了一会儿。

"每当看到别人成功，人们总是会说，哦，他们只不过是幸运而已。没有人会永远幸运的，真的，相信我，谁都会遭遇一些挫折。我们经常会看到一些人，他们总是闷闷不乐地辛苦劳作，可一夜之间他们就得到了梦寐以求的工作；或者他们的某一个商业计划突然就变得可行，然后成了百万富翁。我们认为他们是幸运的。不，亲爱的，他们成功靠的不是幸运，他们是有备而来。"

"对每个人来说，机遇无处不在。可如果你没有准备，就抓不住机遇。这和幸运无关，和准备有关。有朝一日，当机遇来临时你想牢牢把握，那么在此之前就必须要做好充分的准备。即使机遇只有一次，你也得时刻准备着。你要做的，就是为了那个机会，用一生的时间去准备。我说的你听懂了吗？"

她把头凑过来，"懂了吗？"

我心想，没说要你给我上人生规划课程啊！可实际就上了这么一堂课。她盯着我。

那一刻，我才真正开始懂了。

理查德·怀斯曼（Richard Wiseman）是一名专门研究幸运的英国研究员。在他 2003 年出版的《幸运背后的心理奥秘》（*The Luck Factor*）一书中就有鲜活的例子，能看出"幸运"的人和"不幸运"的人有什么不同表现。

比如，离他办公室不远处有一家咖啡店，他把一张 5 英镑①的钞票放在店门口的地上。布兰达和马丁作为被测试者，怀斯曼要他们分别到咖啡店去见某个研究项目人员。马丁是乐天派，觉得自己是个幸运的人，而布兰达则认为自己很不幸。用心良苦的教授在咖啡店里安排了很多人，其中包括一位"百万富翁"，不管是面对布兰达还是马丁，他都会一视同仁。

你能想象接下来发生了什么吗？

马丁发现了地上的钱并捡了起来，然后走进咖啡馆。他坐在"百万富翁"的旁边，开始和他攀谈，还用捡来的钱请他喝了杯咖啡。他们的谈话进行得很顺利，还开始讨论有可能合作的项目和下次见面的事宜。轮到布兰达时，她并没有注意到地上的钞票，她给自己买了杯咖啡后也在"百万富翁"身旁坐下。不过，她没有与他交谈。而"百万富翁"之前也被告知，不要主动搭讪。没有互动、没有捡到钱，最后布兰达离开了咖啡店。

试想一下，如果这件事发生在我们真实的生活场景中，哪些行为可以带来幸运，哪些行为最终会让我们一无所获？显而易见，你是不是也和很多百万富翁擦肩而过而没有说上一句话呢？

---

① 1 英镑≈8.5183 元人民币。——译者注

就我个人而言，我真的不喜欢"幸运"这个词，我更愿意称它为"乐观"。本书中所写到的人物基本上都是坚韧的乐天派，为了一个可能改变自己未来的机会，他们时刻准备着。在某些情况下，一扇门关了就是关了，而在另一些时候，比如在关乎你的职业生涯时，一扇门的关闭就意味着你必须要找到另一扇通往成功的门。

在上完电视播音老师的那堂课后，我不再自欺欺人地认为：如果没有如愿以偿地得到一份电视台的工作，那是因为我不够幸运。于是，我开始不断地练习、准备，不放过任何一个与电视这行有关的机会。其实我也没有到那种疯狂的地步，只是心里一直想着，这是我的目标，总会有这样或那样的办法去实现它。

另一堂非常有价值的课，是我在自己转型期间学到的。

坚持总有回报。

如果我接着上面的故事讲，几个月后我顺理成章地得到了一份电视台的工作，那简直就成了个俗套的成功学案例。

真实的情况是，我等了很久。在跟其他几位老师学习后，我又花了好几年的时间。我面试过几份工作，可最后都没什么结果。有很多人直接告诉我，我并不适合做电视这行。我还记得有一个执行制片人说他自己看人特别准，是不是从事电视行业的料，扫一眼就知道。当时他在我身上并没有发现电视从业者的天赋。可几年后我听说，他失业了。

为了学写脚本，我去了一家公共广播电台。我知道，这个经历会让我了解广播电视脚本写作与其他写作有什么不同，也会让我真正懂得直播到底是什么样子。虽然是无薪工作，但我不在乎，我更看重在这里学到的东西。我自己录了一盘专业的样带，花了很长时间，用了不少钱，最后才勉强像个样子。和我一起工作的磁带编辑们都是自由职业者，人都很好。但他们大都觉得电视这行是个很残酷的领域，很多人最后都被炒了鱿鱼，就像明日黄花一样被扔掉。那个时候，确实有那么一阵子，大家对电视行业心存偏见。如果我把这些消极意见都听进去了，肯定很快就会放弃电视行业这条路。

几年后，有一段时间比较清闲，我决定离职准备生小孩。可之后将会面临的情况是，重返职场却没有工作可做。就在这时，我接到一个电话，是 CNBC 亚洲台 ① 台长打来的。早些年，我和这位女士有过一面之缘，当时她并没有雇用我。而现在有职位空缺，她考虑把我作为人选。我不知道她现在为什么会考虑我，但她的确这么做了。可能是因为我的职业背景比较合适，貌似她也挺喜欢我的。在那几年间，我和她还偶尔保持着邮件联系。

几个月之后，我开始打包行李，准备去香港，即将开始第一份电视直播工作。我既紧张又兴奋，既害怕又感恩。我也很庆幸，第一次时她没有雇用我，因为当时的我还没有准备好，她也知道这个情况。但现在，我准备好了。后来，不论什么时候，朋友们说起我运气真好能够得到这份工作时，我心想，个中艰辛，冷暖自知。

那位电视播音老师姓名、相貌如何，我都已经记不得了。如果我想找到她，想办法肯定也可以再联系上。但我更愿意把从她身上学到的东西当成人生之路上的一次教诲，像一张飘在空中的播音稿，把我引到时刻准备着的这条路上。而我自己，也从中学会了坚持。

如果你还认为，事业成功与否靠的是运气，那就别往下看了；如果不是，那就请继续阅读，你也能成就自己的事业。

---

① CNBC 是美国 NBC 环球集团旗下的全球性财经电视台，周一至周五全天 24 小时直播，专门报道全球资本市场动态。1989 年开播至今，CNBC 一直是财经新闻领域的佼佼者。CNBC 亚洲台于 1995 年开播，此外还有 1996 年开播的欧洲台和 2007 年开播的非洲台。

Work
Smarts

01

像企业家一样思考

What CEOs Say

You Need to Know

to Get Ahead

- 当你开始做一件完全属于自己的事，当你开始掌控和拥有自己的命运，这就不只是关乎生与死，而是超越了生与死。
- 不管是在哪个领域，都应该无止境地学习。凭一技之长写一辈子新闻的记者，已经不复存在了。
- "永远要动起来"，就是要朝着每一个实现目标的方向前进，不管成功与否。
- 在一个公司里，谁要是把自己的观点隐藏起来，沉默不言，谁就是最自私的人。
- 正式的社交方式很有效率，因为最起码双方的目的性都非常明显。但有时候，非正式的方式也是一种很有效的社交途径。
- 你是在社交中寻求帮助的人，而不是需要被人营救的灾民。
- 提出想要涨工资时，千万不要把金钱上的诉求当作你的理由，你真正的诉求是想要得到公司对你的认可。

Work
Smarts

What CEOs Say
You Need to Know
to Get Ahead

第 1 章
做自己的公司

格伦·哈钦斯（Glenn Hutchins）个子很高，说话语速也很快。

从这两个特点可以看出，他做生意很在行，打篮球应该也不错。

于是，在做私募股权发家后，他参股买下了一支篮球队——波士顿凯尔特人队。格伦毕业于哈佛大学，在华尔街开启了他的职业生涯。起初，他在化学银行（Chemical Bank）当高级研究员，做一些基础性工作。后来，他爬到了金字塔顶端，创建了一家市值 130 亿美元的私募股权公司。

去格伦办公室拜访的那天，他和往常一样幽默风趣、怡然自得，穿着袜子在办公室里踱来踱去（他解释没穿鞋是因为刚去看了牙医）。走廊里有些没吃完的自助午餐，这场景让我感到好似刚错过了一个派对，没穿鞋的格伦更加深了我的这种感觉。

"我跟合作伙伴们每天都这样。"格伦说着指了指一盘冷芒果沙拉酱汁，里面还有三文鱼。

我拿起一个剩菜盘子说："这感觉真不错。"然后穿过私人餐厅径直走到格伦的办公室。

不知道为什么，给员工提供免费食物特别容易提升他们的士气。或许是因为，假设单个人的利润率是 100%，那么既然已经从他们身上得到了 100% 的利润，这些免费餐食就算不上什么了。在新闻界也有个类似的说法：如果你想要记者们来参加新闻发布会，那就提供些免费食物，要是有免费酒水就更好了。

过了一会儿，格伦和我谈起了他的职业生涯。和本书中的大多数人一样，关于事业成功之道，格伦当然也有着自己笃信的理念。

"有两条职业路线，你可以选择其一。一条和穿越大峡谷类似，职场早期就沿着滑坡往下走，然后是人到中年，此时子女的学费和各种贷款如利剑悬在头顶，生活压力令人窒息。而另一条路线则好比登山，在你三四十岁时要翻过无数悬崖峭壁、克服一切艰难困苦，但经历过这些的你，将有更多的时间陪伴家人、致力于慈善、为社会提供服务。"

接下来，他跟我讲了刚参加工作时在化学银行的遭遇，以及交易员在看到他蹩脚的分析报告后如何对他冷嘲热讽。

"我想，我当时确实有点儿傻，所以后来才被'发配'到了非常无聊的信贷部门。"格伦说。

"那你当时都做些什么呢？"我问道。

"尽管我学到的东西不少，但毕竟处于一个边缘部门，得不到晋升机会。于是，我决定重返校园，到哈佛大学读了个法学硕士和MBA……这段经历让我明白，对于一些年轻人，我们要激发他们的天赋，而不是打压、限制他们的发展。"

大家都会说格伦这样的人就是个典型的"华尔街人"，但在我看来他有些与众不同——他还是一名企业家。是的，他自己开了公司。早在成立银湖合伙公司（Silver Lake Partners）前，他就萌生了创业的念头。我的公司完全就是我自己的，别人无权干涉它该如何发展。格伦做到了，他成功了。

领导者与被领导者、CEO 与下属，他们之间的不同由此可见一斑。大多数成功人士（很多是在一家公司干了几十年），他们要么是企业家，要么具有企业家思维。虽然也有例外，但并不多。"做自己的公司"不是自私的表现，而是一种积极健康的思维模式。心怀这种想法的人是乐观向上的，他们更有成效、更加自信，因为他们知道自身的价值，而且这种价值是别人拿不走的。

这种思维模式到底是什么？从最基本的字面意义上说，"做自己的公司"就是要自立谋生。比如，你在某公司上班，却没有实现自我价值，周围的同事也都是一群很盲目的人。与其这样混日子，温水煮青蛙般度过 5 年、10 年、15 年，还不如自己出来单干。换句话说，要像格伦一样。再比如，你已经厌倦了当公司的法律顾问，这时中年危机又悄然而至。试想一下，6 个月后你在自己开的小商店里烘焙纸杯蛋糕，这是不是要比你每天处理法律文案、每小时赚 500 美元要快乐 10 倍？做自己的公司，其实很容易。

不过有些时候，也不容易。"做自己的公司"这种思维模式需要摆正一个观念，那就是别把你的工作当成你的事业。你的工作只是通往你事业的一条道路而已，只要这条路和你的职业相匹配。不幸的是，多数时候两者很难匹配。不过，心怀这种思维模式的人都很容易看得出来，他们总是有一些项目在往前推进。这类人可能白天是一名营销主管，而到了晚上说不定就变成了作家在写自己的书。抑或是他在 IBM 上班，但闲暇时喜欢在 YouTube 上发布一些"怎样做……"的视频。他们都是富有创造力的人。

杰夫·海兹勒特（Jeff Hayzlett）白天就是一名营销主管，曾任柯达公司首席营销官。然而，他最终辞职，去追求属于自己的事业。当我把"做自己的公司"思维模式讲给他听时，杰夫和我一拍即合。

"做自己的品牌。"他在曼哈顿的道（Tao）餐厅跟我吃午饭时说。

他手上有差不多 40 多个项目在同时进行，包括在彭博电视台担任特邀撰稿人一职。他在 NBC 的《飞黄腾达名人版》（*Celebrity Apprentice*）节目中当过评委，还为众多公司提供市场与公关方面的咨询和建议。他最大的生意还是经营自己。

"我赚钱最多的是演讲。"他说道。

我问杰夫什么是他的品牌时，他毫不犹豫地说自己就是最优秀的市场营销者之一，此外还是一名牛仔（他还承认自己是个欠揍的奸商）。如何建立自己的品牌？他告诉我，社交媒体至关重要。杰夫把 iPad 拿过来，给我看他下午即将发布的推特内容，甚至是明天的、下周的、明年要发的推特信息，他早就计划好了。

"把你的一切都发布上去，然后等着受众回应。"他说。当时我还没来得及找好回办公室的路线，他就已经差不多快开车到家了，并发了条推特，说感谢这顿午餐，让推特上的人都能够看到。

山姆·泽尔（Sam Zell）①是白手起家的地产亿万富翁。他说他的企业家精神或许从"出生 90 天后随父母（从波兰）来到美国"时就有了。

"由于是移民家庭，所以我有机会能看到父母在面对剧变和挑战时是如何应对的。"山姆在他位于曼哈顿的公寓里娓娓道来，"从小耳濡目染这些，我就会思考，让我事业如此与众不同的正是那些变化和挑战中共性的东西。"

"当一名企业家，最基本的就是要相信自己能用一些不同的、更优秀的方法去做事。如果他走在街上，看到梯子上有一名油漆工就想，'嘿，如果他把梯子移到墙的中间，两边就都能刷到，也省得他

---

① 山姆·泽尔，美国地产界泰斗级人物，在上大学时就开始涉足地产业，他靠买卖无力偿债者的房产赚取了第一桶金。其私募投资公司权益国际（Equity International）在海外的投资额超过 20 亿美元，控制着 15 家上市公司和 27 家非上市公司，这些公司每年的收入超过 100 亿美元。

来回多次上下梯子了。'"他继续说道，"我也不知道自己为什么会那么想，但这确实一直都是我的思维方式。我观察事物的角度就是和其他人不一样。"

"在我的职业生涯中，我曾一度是个产业白痴。轨道汽车租赁、集装箱租赁、电子商务营销、废料能源、自行车、天然气、食品添加剂制造业、物流业等数不清的领域，都是鲜有投资者青睐的。而我当时就像今天的私募股权投资者一样，哪个产业都试过。不同的是，我是一个只投自己公司的私募股权投资者。"

后来，我仔细回味了与山姆的对话，这让我想到了我的父亲。我的父母不是波兰移民，他们是从中国来的。父亲或许选择了一个相对稳定的职业——医生。但这种职业选择和做企业家一样，都是有风险的。当年他要来美国时，亲戚们都觉得他疯了。一是语言不通，二是他的医生资质在美国的医疗体系里是不被承认的。更何况，他名下几乎没有任何资产，也没有人资助，还要携带妻女——妈妈、妹妹和我。40 岁那年，他来到美利坚合众国，口袋里只有 30 美元，没有工作，但有一颗定能成功的决心。

马丁·索罗（Martin Sorrell）也是等到不惑之年才开始做他自己的公司。他是个雷厉风行、直言不讳的广告经理人，一手打造的 WPP 目前是世界上最大的广告公司之一，这也让他这个英国人获得了爵士头衔。在他的盾形徽章上，用拉丁文镌刻着自己的格言：坚持与速度（Celeritas et Perseverantia）。

"我差不多是在 35 岁开始筹划我的公司，"他对我讲，"有些人比较擅长经营公司，但并不会创建公司。而我就要做这两者都会的人，我也不要开那种低劣的公司。公司的股份我只要 2%，或者更少。对于我来说，这些钱已经很多了，但对于其他人，他们可能觉得太少。和那些拥有 80% 都嫌少的人比起来，我这只占 2% 的人，要快乐得多。"

之后我在 WPP 的公开资料里看到，马丁单在这家自己创建的公司里所占股份的市值大约为 3.5 亿美元。

谈到企业家思维模式时，马丁说："公司的创建者就是不一样。我觉得他们对公司的感情是别人无法比拟的。比如说，你是一个雇用的劳务人员或者是临时请来的专家，你对公司的感情、忠诚度和奉献精神，与一手创建起这家公司的人相比是完全不同的，想法也是完全不一样的。英国有一位非常著名的足球经理叫比尔·香克利（Bill Shankly），他在担任利物浦足球俱乐部的经理时，做得非常出色。他说过一句话，'足球不关乎生死，它是超越生死的。'所以，我借用过来，WPP 不关乎生死，它是超越生死的。就像伯克希尔·哈撒韦公司之于沃伦·巴菲特、摩根大通集团之于杰米·戴蒙，公司已然是他们生命的一部分。"

后来我也查了香克利那句话的原文，官方版本是这样说的："有些人相信，足球是关乎生与死的大事，但我对此看法并不敢苟同。我很确信地告诉你，足球之事早已超越了生与死。"

"我既然穿上了这个队的球衣，身体里就流淌着它的血液，"几个月后在曼哈顿中心的公司总部杰米·戴蒙告诉我，"公司有 25 万名员工，我对他们有一种责任。我不会离开这儿，去其他的公司工作……我为公司而自豪，我也希望每一名员工都为公司而骄傲。"

如果说有哪一位银行 CEO 创建了自己的品牌，那么杰米·戴蒙绝对算得上一个。在 2007 年至 2008 年的金融危机中，他被业内视为神一样的人物，没有因为管理失误让公司陷于水深火热之中。当其他 CEO 都在为自己的错误决策承担恶果时，杰米看起来是这个圈子里最聪明的人。《时代》杂志于 2008 年、2009 年和 2011 年三次提名他为全球最具影响力的百位人物之一。财经杂志《机构投资者》将他评为 2011 年年度 CEO。

第 1 章
做自己的公司

我见到杰米时，他刚刚经历了在摩根大通集团职业生涯中最艰难的一段日子。因为"伦敦鲸交易"①，监管机构、媒体，还有各种批评向他汹涌而来。伦敦分公司的丑闻交易让公司蒙受的损失超过 60 亿美元，这起事件甚至在维基百科上还有一个专门的页面。可以说，这对杰米个人的打击巨大。他花了整个周末的时间写了一封年度致股东书，阐明了他对丑闻的最终思考。他告诉我，整封信都是他自己写的，没有编辑帮忙，这也是他自己对每个人的交代。

尽管摩根大通集团不是他亲手创立的（资料显示，该银行于 1799年成立时叫曼哈顿公司，在复杂的公司历史沿革中还一度改名为化学银行。对，就是那家没让格伦升职的化学银行），但在 2004 年收购第一银行（Bank One）后，执掌公司的杰米帮助摩根大通集团又迈上了一个新台阶。换句话说，没有杰米·戴蒙的眼界就没有摩根大通集团的今天。

"每当看到我们公司的高管时，我总会和他们打招呼。公司还有个行政大厅，那儿的员工都直呼我的名字，他们都认识我。还有人会拍拍我的肩膀说'你好啊'，收发室的伙计也会跟我打招呼。"

"有些公司的高管，他们有自己的专属电梯。可这会让你的员工觉得有距离感。我记得有一次在电梯里，几个员工在谈论我，我就说，'我在你们后面呢！'"

"这是真的吗？"我问道。

---

① 该事件发生于 2012 年春季，由一名叫布鲁诺·伊克西尔（Bruno Iksil）的交易员引发。伊克西尔任职于摩根大通位于伦敦的首席投资室（Chief Investment Office, CIO）。市场普遍推测，2012 年初，该交易员进行了大量不同期限品种的信用衍生品合约买卖交易，甚至参与了和多家对冲基金的对赌，押注企业信用环境未来将有所改善。2012 年 4 月以后，受欧债危机演变和全球经济复苏不佳等因素影响，金融市场动荡加剧，市场信用环境恶化，企业违约风险攀升，首席投资室的交易策略失败，在短短 6 周时间内交易亏损达到 20 亿美元，且亏损金额仍在不断扩大。截至2012 年 6 月底，交易损失已急剧上升至 58 亿美元。

"是的，他们不知道我在电梯里面。其实我也不知道他们是在说我的好话还是坏话，我就是想跟他们打个招呼。"

杰米在谈论他的公司时，脸上流露的喜悦之情，和我从马丁、山姆以及后来从沃伦·巴菲特脸上看到的都是一样的。他们都非常笃定地追随自己的角色、自己的公司和自己的品牌，并且把这种理念转化到公司内部。当你开始做一件完全属于你自己的事，当你开始掌控自己的命运，这就不只是关乎生死，而是超越了生死。

做一个属于自己的品牌

实际上，大多数人都希望能像山姆那样——当自己的老板。据爱德华公司（Edward Jones）2012 年发布的报告，70% 的公司员工赞成把自己当作企业家一样去工作。只有 15% 的人认为，只要完成了安排的任务就好。实现企业家梦想征程上最大的拦路虎，是怕失去自己多年的积蓄。除此之外，最大的担忧就是万一创业失败了缺乏后盾支持或安全防护网。有这些顾虑其实并不意外，但话说回来，正是这些原因才会让很多人的职业生涯卡在了瓶颈期。

格雷厄姆·威斯顿（Graham Weston）是另一名亿万富翁企业家（在财经新闻界，亿万富翁多如牛毛），他最近与人合著了一本名为《势不可挡》（*Unstoppables*）的书，主要是讲在美国如何发展更多的自主创业企业。在序言中，他回想起了重返母校得克萨斯大学达拉斯分校进行演讲的情形。

"在讲了几句话后，我问同学们，'你们有多少人以后想自己创业？或者从事些朝阳产业？'当时每个人都举手了，"格雷厄姆写道，"然后我又问，'你们有多少人打算一毕业就开始创业？'这次举手的人寥寥无几，几乎所有的手都放下了。看来，大多数学生想当企业家的理想与他们现实的人生规划还是有着巨大差距的。"

第 1 章
做自己的公司

虽然我从来没有经营过完全属于我自己的公司，但在一些专业领域，包括新闻界，我能以企业家的视角去对待它。比如我进行新闻报道，就能找到一些完全由我自己发现的独家新闻，做一期完全属于我自己风格的节目。我以前从来没有自己独立工作过，但现在我都是一个人完成。电视新闻行业是一个讲求团队合作的领域，需要资源关系网的整合，做出的节目要尽可能地让更多的受众看到。但若试着以企业家的方式去当记者，这些或许都会改变。一段时间以来，像奈飞的里德·哈斯廷斯（Reed Hastings）、亚马逊的杰夫·贝索斯，这些企业家都在改变着传统电视的传播方式。

是什么在驱动这种创业大潮呢？杰伊·萨米特（Jay Samit）是资深的企业家，创建了众多企业，其中包括发展速度极快、可与 Skype 相匹敌的移动应用软件 ooVoo。他开玩笑说："或许是因为我小时候被妈妈拥抱得不够多，所以我长大之后一直在向别人寻求支持。"后来我了解到，杰伊曾在加州大学洛杉矶分校学新闻专业，那一切就不足为奇了。

杰伊体型纤瘦，50 多岁的他还是一脸孩子气。他先是在纽约发展，后来去了洛杉矶，在那儿他不仅经营着自己的公司，还在南加州大学教书。杰伊不仅为自己工作，还是环球音乐、索尼音乐和百代音乐的高级制作人，在业内享有很高的声望。他也向我描述了"要做自己的公司"这一理念。

"你需要做的就是要意识到，做一个属于自己的品牌。你需要转变思想，不断地学习和发展自己的技能。试想一下，和我年龄差不多的医生，这就意味着他已经从医科大学毕业 25 年了。如今，绝大多数处方、治疗方法、仪器等，所有一切都和以往不能同日而语，不是吗？你从学校学到的那些东西不可能让你一劳永逸，所以一名医生如果不是终身学习者，那他就是不称职的。同样，作为一名厨师、插画艺术家、广告从业者，不管是在哪个领域都应该无止境地学习。凭自己的一技之长写一辈子新闻的记者已经不复存在了。"

"你的品牌是什么？"我问他。

"我的品牌就是'你有问题，我能帮忙解决'。没有人是因为我的长相而雇用我，是不是？"他笑道。

杰伊告诉我，他有两种方法能激发手下的经理们像企业家一样思考。

"跟我合作过的导演都说，在过去的 15 年里，一直在遵循这两条法则。其一就是，你不是为我工作，是我为你工作。我的职责就是提供一些你工作时所需要的资源。"

"他们都相信你吗？"我问道。

"有时候是，但有时候也不怎么管用。这在第二个法则上体现得特别明显。如果你为我工作了一年，但你没有犯下任何错误，我就会把你解雇。"

我有点儿诧异地看着他："你真的是这样做的吗？"

"哦，是的，言必信，行必果。当企业家就不能瞻前顾后。那些乖乖小孩，从小到大都在学校里成绩名列前茅，可是一遇到困难就畏首畏尾，而不是想着怎么去解决它。遭遇失败或被人羞辱时，他们不懂得忍辱负重。"

多少个不眠的夜晚，我辗转反侧，心里一直在担忧，成绩单上能不能直接拿到 A。如果我和杰伊是同班同学，我敢肯定，他就是属于那种坐在教室后排的差生，而我就是坐在前排的学霸乖乖女。

其他的一些经理人也许并没有像杰伊这样极端，但你明白了他的用意。

Work
Smarts
What CEOs Say
You Need to Know
to Get Ahead

企业家比局外人表现得更好吗

当你开始投资自己和自己的公司时，你将有机会拥有一份更好的工作。

不过，企业家们把自己的公司搞得一团糟的故事也不胜枚举。这并不是因为他们不喜欢自己一手打造的家业，而是因为成为领导者后迷失了自我。一些名字从我脑中闪过：创办团购网高朋（Groupon）①的安德鲁·梅森（Andrew Mason），在线游戏公司 Zynga②的创始人马克·平卡斯（Mark Pincus）。当马克·扎克伯格日臻成熟，开始表现得像一名 CEO 时，Facebook 的最大敌人或许就是他自己。

《哈佛商业评论》2013 年发布的一项调查，统计了在任职期间表现最佳的 CEO 们。毫无疑问，这两名企业家名列前茅：史蒂夫·乔布斯和杰夫·贝索斯。

杰夫有自己的公司，他特立独行，别人向左走时，他向右。并没有多少人记得，杰夫最开始是做银行家发迹的。他总是喜欢组装或拆卸东西，这促使他最终创办了亚马逊公司。在筹建公司时，他游走于全国各地。有人对他的商业模式并不看好，但他最后成功了。他在自己的车库里，开了家一周 7 天、每天 24 小时营业的电子商店。

《哈佛商业评论》的总编辑亚迪·伊格纳西斯（Adi Ignatius）在上述调查中曾简短采访过杰夫。怎样才能做自己的公司？他给了我们一个比较经典的答案："既然想做一些开创性的、引领潮流的事情，那就要心甘情愿地接受别人的误解，而且是长时间的。举一个最简单的例子，那就是顾客的评论。曾经有一位顾客写信对我说，'你根本就不懂做生意。你卖东西是为了

---

① 全球最大的团购网站，2008 年创立于美国芝加哥，Groupon 是由 Group 和 Coupon 衍生而来的。
② 一家成立于 2007 年的社交游戏公司。Zynga 开发的游戏多半是网页游戏，并发布于 Facebook 以及 MySpace 一类的社交网站。公司总部在美国旧金山。其盈利模式相对简单，主要收入来源是通过社交游戏向用户出售虚拟物品赚钱。

Work
Smarts
What CEOs Say
You Need to Know
to Get Ahead

赚钱，怎么可能允许一些负面的评论留在商品下面呢？'"

"看到那封信后我就在思考，'我们不是卖东西赚钱，我们的盈利点在于帮助顾客做决定，到底该不该买。'"

当时，这可是一个标新立异的想法，而现在几乎被所有的在线销售网站所效仿。

正如我之前所说，成立一家属于自己的公司通常有两个方法。第一种方法需要你的内心有一股强大的意念，一定要做成什么，不达目的誓不罢休。在内心所向往的事情实现之前，你可能会比较痛苦。吉姆·雷诺兹（Jim Reynolds）是一家小型投资银行的 CEO，他告诉我，在下海创业之前，他是美林证券——美国中西部最棒的证券公司的债券销售员。当时他做得很好，也赚了不少钱。但是，和之后自己创业时得到的快乐比起来，那些都算不上什么。

"如果一直待在美林证券做债券销售员，可能还会当上固定收益部门的头儿，但我真的有一点点害怕。因为我不知道自己是否能够驾驭那些事情，"他说，"当时比较担心，于是我对自己说，'吉姆，你有能力去做更多的事情，但你现在害怕的是离开目前的公司。你也应该去做更多的事情，因为它们已在你的心里酝酿已久、蓄势待发。'最后，这种害怕被另一个更大的担忧所替代，那就是只能看到离开现有职位的恐惧而不能看到自己潜在的价值。一旦被这种恐惧牵绊住，那你就输了。"

离开美林证券后，他花费了 50 万美元注册了一家自己的公司。虽然听起来是一笔不少的钱，但你要知道，你的竞争对手们都有着几十亿美元的身家和上千名的银行员工。幸运的是，一位与他相识几十年的老友听说他要自己开公司，答应帮助他。

"我那时需要一笔贷款，他就一口答应'没问题'。仅凭一个商业计划，他就帮助我拿到了 250 万美元的贷款。当时，他们银行的信贷部门和所有的高管都说，不要借钱给这个人。因为我们没有一分钱的收入，一单生意也没有。连我自己都没有一个像样的办公室，有的仅是一份商业计划。他对他的团队说，'给吉姆·雷诺兹钱。'而他的那些手下说，'吉姆会拿着钱什么都不干，直接跑路，然后逃到牙买加去。'可我的那位老友还是坚持说，'给吉姆·雷诺兹钱。'"

如今，吉姆公司的办事处遍布全美国，雇员超过 200 人。他甚至还是巴拉克·奥巴马的首席筹款人和财政顾问之一，曾帮助他在芝加哥选区赢得选举。

第二种激发出企业家精神的方法，并不是你自己想去做，而是迫于外力。你被解雇了、你与公司闹翻了、你被迫退休了……忽然间你开始问自己，下一步将何去何从呢？赖以生存的安全网已经没有了，你坐在公园的长凳上暗自神伤，忧愁和恐惧围绕着你。今后的路该怎么走，满脑子都在胡思乱想。

一些人最后做得还是很不错的。他们一切归零、从头再来，有的独立谋生自己创业，有的带着经验和失去工作的教训加入另一家公司。有时候，这些经历会让人的内心变得更加强大。

还有些时候，这也让他们变得更加胆怯。感觉在自己工作的领域已经穷途末路，而同时又看不到自己身上的潜在价值——可以创办一家属于自己的公司。他们看不到自己开公司的价值所在。这样的例子我见的太多了，我相信你肯定也有和他们类似的想法。

墨守成功是最可怕的

那么，一名真正的企业家（或者是相信自己品牌的企业家）到底是如何思考的呢？

成功企业家眼里的世界总是和常人眼里的不太一样。

一些人认为的绊脚石，在企业家那里就成了机遇；一些人嘴上说你不会成功，而企业家会问为什么不行；一些人手中的 10 美元就是 10 美元，而企业家会把它当作 20 美元来用。

虽然我不知道他们到底是怎么想的，但是我从采访过的一些企业家那里可以了解到他们的策略思维。

前文提到的山姆·泽尔在很多商业领域都有口皆碑，尤其是在房地产市场的极盛期，山姆铸就了他的业界传奇。那还是 2007 年 2 月，他抛售掉手里的一些写字楼，套现近 400 亿美元。两年后，处于经济衰退期的写字楼大部分都价格跳水。也就是说，这些房子比抵押来的贷款还要便宜。山姆当时嗅到了市场的异动，并选择了一个绝佳的时机精准退出。

山姆说："我总结了一句话，要以低于同类商品成本价的价格买入。我 1974 年就开始收购急售房产 ① 。我那时就注意到，一套急售房售价 1 万美元，而它最初的建造成本是 1.4 万美元。如果在 1974 年修一套同样的房子，得花 1.7 万美元。当时，隔壁一个开发商新建的楼盘就是这个造价。等于说，我买房子的成本比他造房子的成本低了近一半，出租的价格也可以比他挂的更低，但最终赚取的收益是一样的，甚至还会超过他。不过，如果没有他建的那些新房子，我也不可能赚这么多钱。因为在这种情况下，市场上房源的供给减少了，但需

---

① 急售房产（Distressed Real Estate），房产所有者由于某些特殊原因急需用钱，将所持物业以低价或亏本方式进行抛售。

求还是一样多。以低于同类商品成本价的价格买入，这是一个简单、基本的前提。应该不难理解吧！"

就是这种想法——以低于同类商品成本价的价格买入，让山姆跻身富人行列。他说这是一条"超级简单"的道理。这也是非常值得我们去学习的一课：要知道你所买之物的价值。不光是在你买急售房产时可以借鉴山姆的方法，在进行任何一种地产交易时都可以用：我要买的这套单元或这幢房子，如果现在重建将要花多少钱？如果新屋造价比我的购入价要高，那么这就是一笔不错的买卖；如果不是，你就得再掂量掂量，确保房产有好的性价比。

埃隆·马斯克（Elon Musk）则有另外一种思维策略，不过和山姆的非常相似。埃隆是电动汽车制造商特斯拉和太空运载火箭制造商 SpaceX 这两家公司的 CEO。毋庸置疑，他是为数不多的可以称得上是"发明家"的 CEO 之一。借用他本专业物理学的一句话，埃隆说自己是在"用第一性原理①思考问题"。

"你要掌握一定范围内最根本的真相，或者是接近于真相的东西。基于这些东西进行思考，再下结论。不要用类比，多数人在考虑问题时会局限于类比思维。"

我请他举个例子。

"好的。如果用类比思维去做火箭生意，那么你就会问'造火箭要多少钱啊'。一般人会说，火箭的平均成本大概是 1 亿美元吧。所以，你就信了，花 1 亿美元造火箭。如果现在我们用第一性原理来看待问题，关注点或许就不一样：'一支火箭是由哪些部分组成的？引擎是用什么建造的？它们是如何组装起来的？'所有的建造材料、制

---

① 第一性原理（first principle）是量子力学中的一个术语，意思是从头算，无需任何经验参数，只用少量基本数据做量子计算，得出分子结构和物质的性质，很接近于反映宇宙本质。

作工序，把一切的一切都考虑进来后，你再问：'把一支火箭造好需要多少钱呢？'然后你就会发现：'哦，天呐，连 1 000 万美元都不到啊……'在现实生活中，人们总是喜欢用类比思维想当然。所以你应该像侦探一样明察秋毫，不要肆意推断，这样会更好。"

"尤其是在一个比较新的领域，用类比思维来想问题就会非常难。这是因为类比思维靠的是过去的经验……类比只不过是在其他事物相似性的基础上增加那么一丁点儿不同而已。至于为什么这样做会成功，脑中其实是不明就里的。人的一生中大部分时间都在用类比思维。"

"人生的每个阶段基本上都这样吗？"我问道。

"是的。如果你每天都在用第一性原理去看待周围的世界，日子就没法过了。你的生活会陷入僵局的，别自寻烦恼了。只有在遇到一些极其重要的问题时才用第一性原理。例如，你想创办一家公司、研发一个产品，这时才需要你绞尽脑汁地把第一性原理运用到极致。"

简言之，第一性原理就是对固化思维方式的挑战。你应该像个有点儿叛逆的小孩，当父母要你闭嘴并告诉你"它就是这个样子"时，你要问出"为什么"这三个字。

埃隆和山姆都赞成对于任何一个商业领域和企业家来说，墨守成规都是前进道路上最大的拦路虎。当你开始考虑建立自己的品牌、开始训练自己的企业家思维时，最好把那些守旧观念和固化思维抛出窗外。

"不论在什么时候，我都觉得守旧观念是最可怕的东西之一。"山姆说。

凡事往简单了想

2007 年房地产市场的繁荣让山姆成了全美国最富有的人之一。据

《福布斯》杂志统计，他在美国富豪榜上排第 103 位。

在这些亿万富豪当中，很多人都和山姆一样是企业家。我注意到，这群全世界最有钱的人里有不少都是自创家业。例如，彭博社亿万富豪指数就显示：

第 5 名，英格瓦·坎普拉德（Ingvar Kamprad），家具零售商宜家的创始人，净身价：485 亿美元。

第 16 名，杰夫·贝索斯，亚马逊公司创始人，净身价：266 亿美元。

第 40 名，菲尔·奈特（Phil Knight），耐克公司创始人，净身价：167 亿美元。

第 98 名，阿兹姆·普雷姆吉（Azim Premji），威普罗公司（Wipro，印度第三大软件开发商）联合创始人，净身价：106 亿美元（貌似他每年要坐 60 到 65 次经济舱）。

注：数据截止于 2013 年 7 月。

由彭博社排名的全球亿万富翁百人榜中，有 27 人继承了家族财富，其他人都是白手起家的。

在这些白手起家的亿万富翁中，有 30 个人美国人。也就是说，这里还有 43 个非美国人，从印度到中国、从西班牙到墨西哥，他们也从无到有、自创家业。如果说美国人有什么值得他人学习效仿的，那必定是实现美国梦的自力更生精神。

有个人一直雄踞富豪榜前列，他就是沃伦·巴菲特。紧随他的好朋友——同样是企业家的比尔·盖茨——之后，巴菲特在榜单上不是排第二就是第三。

这几年我一直在采访巴菲特，并参加他盛大的伯克希尔·哈撒韦股东大会。每年的参会者超过 35 000 人，那整个周末对投资者来说就像过节一样。晚上有派对，白天有各种专门的论坛。股东大会的亮点当然是巴菲特和他的长期合作伙伴查理·芒格一整天都坐在台上回答各种问题——黄金到底该投向哪儿、为什么税收应该提升……我从没见过哪个公司的 CEO 能像巴菲特这样，和投资者开一整天的会。2003 年，巴菲特更是把激情名曲《YMCA》改编成了股东大会的会歌，83 岁的他亲自上台领跳。

"为什么我对自己所做的事情乐此不疲？这就像我花了一生的时间去玩一个游戏，而且非常享受。就像一个专业高尔夫球手一样，打一辈子的高尔夫球，"巴菲特对我说，"我沉浸其中，就像米开朗基罗在西斯廷教堂的天花板上作画一样。可能别人不会这么做，但我就自己画自己的画。如果董事会的人对我说，'你红色用得太多了，为什么不多用些蓝色呢？'我可能就会把画笔递给他们，然后告诉他们从画面结构上还能画些什么。"

从 20 世纪 60 年代开始，巴菲特的公司一直扮演着企业孵化器的角色。奶品皇后（Dairy Queen）[1]、时思糖果（See's Candies）[2]、鲜果布衣（Fruit of the Loom）[3]、奈杰特（NetJets）[4]，他把这些公司招致麾下，既给他们建议，也给他们发展的资金。每次我在伯克希尔·哈撒韦和一些 CEO 聊天时，他们总是说，和巴菲特共事的最大好处是他能放手让你去做事情。

"他们热爱自己所做的事业。当我给某人 1 亿美元，或者 10 亿美元、50 亿美元时，他就给我相应的股份。我就指望着他们好好用这笔钱。"巴菲特说。

---

[1] 美国冰激凌连锁品牌。
[2] 美国西部历史最悠久、最著名的糖果和巧克力食品公司。
[3] 拥有 155 年历史的美国内衣品牌。
[4] 飞机租赁公司。

"我们从不依赖合同，合同就是一张纸而已。半年后你会看到，拿到钱的那个人每天早上 6 点起床。他的妻子会问，'有必要这样每天起早贪黑吗？'他会说，'我正在为奥玛哈（Omaha）①的一家公司工作呢！'妻子又说，'过去 30 年我们一直辛辛苦苦，现如今已家缠万贯，我本以为就可以划小船、游欧洲、颐养天年了。'他又是怎么回答的呢？当然不是'因为热爱这项事业，所以我要坚持下去'，而是说，'因为我答应了别人，君子一言，驷马难追。'你看，根本就不用要求他们每天都加班。如果他的回答是'因为我把它当作毕生最重要的事情做'，那么一位杰出的领导者就诞生了……公司的经营者应该心怀这种感觉，这样的公司我也比较青睐。对我而言，就是不要去破坏他们的这种感觉。如果有人不是这么想的，那么我也不会强行给他们灌输这种思想，因为这会适得其反。"

众所周知，巴菲特凡事喜欢简单。几十年来，他不断地告诉投资者，股市致富的最简单方法就是买自己喜欢的公司，而且要坚持买。2008 年，当巴菲特斥资 230 亿美元帮玛氏糖果公司（Mars）收购箭牌口香糖公司（Wm.Wrigley）时，他说自己从 7 岁开始就吃箭牌的产品，并且非常喜欢。他当时还说："比起一些大银行的资产负债表，我对箭牌和玛氏家的产品要了解和熟悉得多。我知道自己买到手的是什么东西，而不是像一些大型金融机构，我并不了解他们到底在做什么业务。"

喜欢简单的还有山姆。

"本能和直觉都是最简单的，"山姆说，"我 1988 年进入哈佛商学院，当时对着台下 300 多人演讲，差点儿没让他们崩溃。我说，'在

---

① 奥玛哈指的是伯克希尔·哈撒韦公司，其地址位于内布拉斯加州的奥玛哈，这也是巴菲特的家乡，他从 1962 年管理合伙企业时就在这里办公，一直到现在都没有换过地方，可以说这里是巴菲特的老窝，也是他的福地。

座的各位都听过一个概念，凡事都对应一个公式，可以用数字运算来解决问题，比如 X 乘以 Y……一派胡言！凡事应该讲求的是它最简单的方式。两点之间什么距离最短？当然是直线。'"

"为了佐证我的观点，那天下午我还讲了一个'艾韦和莎拉'的故事。艾韦与莎拉同岁，在他们 60 岁生日那天，决定来一次分开旅行。于是，艾韦去了迈阿密沙滩，莎拉去了圣地亚哥。差不多三个星期后，艾韦寄来一张明信片，'亲爱的莎拉，我玩得非常开心。阳光、海浪、酒店，一切都太完美了。不瞒你说，我现在正坐在湖边。刚才一个二十几岁的妙龄少女从我身边走过，我向她打招呼，她也向我问好。我邀请她在我身旁坐下，她答应了。我们聊天、游泳，还一起吃了午饭。晚上，她会来我的房间和我共进烛光晚餐。我的运气怎么这么好呢？爱你的艾韦。'"

"又过去了三个星期，莎拉也寄来一张明信片，'亲爱的艾韦，我也玩得非常开心。阳光、海浪、酒店，一切都太完美了。不瞒你说，我今天坐在湖边时，一个二十几岁的小伙子从我身边走过，我向他打招呼，他也向我问好。我邀请他在我身旁坐下，他答应了。我们聊天、游泳，还一起吃了午饭。晚上，他会来我的房间和我共进烛光晚餐。我的运气怎么这么好呢？爱你的莎拉。'在明信片的最后，她还加上了一句话，'艾韦，你不会不知道用 60 除以 20 要比用 20 除以 60 多好多倍吧？[①]'（此处有笑声）你看，数字都是一样的，但你理解的意思却截然不同。"

"当时现场什么反应？"我问。

"哦，他们全都惊呆了，而且现场的女孩子们都感到很尴尬。别

[①] 英语原文为 "Twenty goes into sixty a lot more times than sixty goes into twenty"，go into 字面意思是"用……除"，如 "3 goes into 12 four times"，表面指 12 除以 3 得 4，但在此处暗指"性交"，意为"20 岁男人的性能力要比 60 岁的男人强得多"。

人去哈佛大学都是讲一些高大上的话题，但听了我的话，他们简直吓傻了眼。当然，你也没必要把某人讲的话太当回事。这个例子足以印证我的观点吗？"

是的，凡事往简单了想，别想太多，最好的策略往往是最简单的。

永远要动起来

每当挑战来临时，格雷厄姆·威斯顿想到的是要"保持简单"，这是他内心的潜台词。如果你胸怀大志，并想矢志不渝地追随梦想，那就在心中反复默念"保持简单、保持简单、保持简单"，这样才可以化繁为简、实现总体目标。

就像格雷厄姆在他的书中写的一样，我们每个人心中其实都有一些内在暗示语：

"别酒后驾车。"

"除了努力工作，别无选择。"

"失败是成功之母。"

1992 年，导演大卫·马梅（David Mamet）在电影《拜金一族》（*Glengarry Glen Ross*）中就为我们很好地诠释了内心暗示语的作用。演员亚历克·鲍德温（Alec Baldwin）扮演的布莱克总是说"我去年赚了 97 万美元"，他把小黑板翻转过来，在上面写下：

Always（永远）

Be（要）

Closing（达成交易）

看过电影的人都不会忘记下面这句经典台词吧？"你人很好？有

个屁用！是个好爸爸？去你的吧！回家和你的孩子们玩去吧！想在这儿工作？那就多做成几笔生意。"

不过，这句内心暗示语容易让办公室成为滋生坑蒙拐骗和放荡堕落行为的温床；而现在，有一句类似的简单台词却可以让人进取心十足，当上成功的企业家。

Always（永远）
Be（要）
Moving（动起来）

一直以来，企业家们总是告诉我，要像山姆·泽尔那样从 A 到 B，保持着运动状态。格雷厄姆和比尔·香克利合写的书中也谈到了二八法则："花 20% 或者更少的时间去思考和准备，花 80% 或者更多的时间去行动——反复地实践。"在描述运动定律时，他们引用了牛顿第一定律，认为一切物体都处于永恒的运动中。

在牛顿出现的 300 年后，棒球巨星尤吉·贝拉（Yogi Berra）说："站在人生的岔路口，你要抓住机会。"

"我经常和女性讲，周末的时候为什么非得把厨房收拾得干干净净、锅碗瓢盆都归置得整整齐齐了，才开始享受这美好的一天呢？"美国增长速度最快的家政服务公司 Care.com 的创始人希拉·马塞洛（Sheila Marcelo）对我说，"而另一方面，男人们则会说'走吧，出门享受美好的周末。我才不管有没有叠被子，说走就走'。我们内心总有一种感觉，所有的东西都应该有自己的位置和次序，事业也一样。我们还持有一种观念，非得让自己拥有全部的经历，在跳槽或者创业之前，非得把所有的一切弄得清清楚楚。"

"永远要动起来"（Always Be Moving），但并不是像科林·鲍威尔（Colin Powell）在《我赢定了》（It Worked for Me）这本书里写

的一样，要忙得像只"无头苍蝇"。忙碌的人有很多，他们的日程总是被塞得满满的，每天加班到深夜，周末奔波于各种活动。但问题是，没有一件事情对他们有实际作用。通常情况下，找不到未来的方向才会让自己忙碌。抑或是不想去面对要做的事，他们选择用忙碌去逃避。

我见过很多这样的人，相信你周围肯定也有不少。你现在应该很清楚，他们需要动起来做点儿转变，而不是在错误的方向上继续前行。我认识的一个人一直对我说，他想转行到一个新的领域去。可好几年过去了，他还在原来的领域里待着。他倒也没闲着，在原来的领域里还不停地换工作，寄希望于下一个工作能给自己带来一直寻求的满足感。当然，这是永远不会被满足的。我最近又听他说"过段时间，我再计划去新的领域"，可我觉得他也只是说说而已。难道要等到十年之后再做决定吗？未免也太晚了。

我还认识一个人，她总是说想要自己创业。参加培训、积累相应的经验，可她现在还是在为别人打工。她总是在做很多超出能力范围的事情，所以每天都加班。她买了大房子，给每个人买礼物，即便这些收礼物的人并不会向她回赠礼物。她享受美好的假期，花掉自己所有的积蓄。她让自己忙碌不已、精疲力尽，但所做的这一切都对她真正想达成的目标无济于事。因此也不奇怪，她对现状并不满意，但她也找不到摆脱现状的出路。

住在亚特兰大时，有一年我全身心投入去写了一本关于美国南部的书，用 6 个星期的时间在南部游走，记录这块土地的发展和变化。一位密西西比的女士邀请我去她家小住了一段日子，让我了解她的家庭。还有一位音乐家，他陪我在路易斯安那州一起感受柴迪科舞曲（Zydeco）[①]。在阿拉巴马州的塞尔玛，我一整个星期都宅在酒店里，在

---

① 美国路易斯安那州南部流行的黑人舞曲。

床上吃早餐，和酒保一起讲鬼故事。我所做的这些都是货真价实的新闻记者田野调查。我向当时的东家《金融时报》请了半年假，他们也非常慷慨地答应了，支持我把所见所闻都写出来。

后来，我静下心来安心写作。在我家那个小小的办公室里，我用半年的时间盯着电脑屏幕写作。除此之外，我有时会去咖啡店，也看了不少杂志。那段日子里，我每天都说"今天要写作"，可往往是到了晚上 10 点我才慢慢悠悠地回到办公室动笔。而到了那个时候，我又觉得有点儿困了。

我原本打算要写三万五千字，也知道这本书写出来并不会有多好。虽然有部分章节我很喜欢，但就全书来说没什么吸引力，心里有点儿惴惴不安，所以整个写作的过程也不是很自信。别人都说创作的过程是种享受，但我觉得那次经历却像是把我自己送进深水区经受折磨。不出我所料，出版社的编辑都没有要我的书稿。说老实话，看到拒绝信的时候我内心也没有很失望。让我失望的，只是整个写作过程和我自己。现在，那些笔记、资料和书稿都还在我父母家的地下室里放着。

我之所以举这个关于自己的例子就是想告诉你，每个人都心怀恐惧，这会阻碍你朝着正确的方向前进。我当时的恐惧就是，怕书写得不够完美……结果，真的就写得不怎么样。我脑海中还有一个声音在向我不断唠叨，我能胜任吗？我写这本书够格吗？之前我提到的那些人都是因为心存相似的恐惧感——害怕失败的恐惧——而没能让自己继续前行。

"永远要动起来"，就是要让你朝着每一个实现目标的方向永远前进，不管失败与否，不管你的创意点子是否被别人剽窃。关键在于你是不是在继续追随着你想要的，是不是要创建自己的公司，或者是不是让自己的公司再创辉煌。

"很多人都认为，一个聪明的好点子非常重要。这是句大实话，虽然不错，但点子提出来后并不应该去鼓励它、保护它、滋养它、浇灌它，点子就应该被'扼杀'。"杰伊·萨米特说。

"怎么讲？"我问。

"'扼杀'你的点子。怎样才能'扼杀'一个点子呢？这个点子肯定会失败，这是最糟糕的点子。为什么要这样做？因为点子经过反复推敲后，你就会知道，哪些能成功，哪些真金不怕火炼，经过'扼杀'的点子更能在竞争中取胜，还能自我保护。"

"到最后你就发现，"杰伊说，"还真像爱迪生所说的，'百分之一的灵感，百分之九十九的汗水'。"

努力是达成所愿的不二法则

瑞秋·雷（Rachael Ray）既是一名充满活力、富有激情的烹饪明星，也是日间脱口秀节目主持人。她自己创建的品牌 EVOO（Extra Virgin Olive Oil）① 在美国家喻户晓。我正儿八经开始学习做饭时，就是看她的美食节目《瑞秋美食秀》(Rachael's 30 Minute Meals)，当时就对她很好奇。我非常爱看这个节目，瑞秋在 30 分钟内教你如何轻松做出两三道美味佳肴，还总是有一种强烈的少女般的幽默贯穿其中。

几年后，我开始干电视行业才深刻体会到，要想做出一档看起来轻松的节目是多么不易。一期 30 分钟的烹饪节目凝聚着前期大量的辛勤工作。我开玩笑地说，只有电视工作者累死累活，才能让观众看得轻轻松松。

---

① 特级初榨橄榄油。

2013 年春，在录制我们台一档黄金时段节目《餐桌大佬》（*Titans at the Table*）时，我见到了瑞秋。当时，美食频道有名的人物都来了，包括巴比·福雷（Bobby Flay）和马里奥·巴塔利（Mario Batali）。不过，我们在节目中吃的食物却显然与美食家身份不搭，是炸鱼、汉堡、炸薯条、鹰嘴豆泥，还有一些类似于酒吧简餐的食物。巴比一直问我是否知道餐盘中的鱼产自哪里，这让我有点儿难堪。后来他告诉我，从厨师的角度建议，你点餐时一定不要点叫不出名字的鱼。嗯，他也是蛮认真的。

能在厨房之外见到厨师，实在是一件乐事。那天的节目我们并不是要交换食谱和烹饪心得，而是想和他们聊聊怎样把自己的品牌做大做强，想知道他们是如何从一名厨师变身为拥有自己公司的老板的。

节目录制中，我问瑞秋，在这个过程中最关键的突破时点是什么。

"没有突破时点，"她回道，"我的人生就是由一系列的惊喜组成的。至于是什么让这些惊喜最后变为成功，我想那就是我非常享受努力工作的状态。享受一整天的忙碌，享受盘子在空中飞舞……我认为，每天醒来时心中都要有一种意念，要让自己变得更优秀，要不断学习、不断成长。"

之所以此时谈这些，是因为我发现绝大多数企业家和拥有企业家思维方式的人身上都有这个重要的特点。

一定要努力工作。这句话道理很简单，但每当看到他人成功登上事业巅峰时，还是有相当多的人觉得一定有其他什么原因使然，而看不到成功者背后长时间的努力辛勤工作。可能会有一些懒惰的混混最后也成功了，但这样的案例并不值得我们花时间去研究。唯有努力工作才是得到心之向往的不二法则。

巴菲特说，他所青睐的 CEO 内心都要有一团事业之火在燃烧。

每一名企业家的创业奋斗史，都始于在父母家的地下室或办公室里的不眠之夜里为了一个点子而不懈努力工作着。

埃隆·马斯克说自己与生俱来就有一种不成功誓不罢休的决心。5 岁那年，尽管母亲反对，马斯克还是瞒着她独自一人走了 10~15 英里^①的路去表弟家。

"10~15 英里？"我有点儿怀疑地问。

"是的，用最快的速度要走 4 个小时。不管怎样，我最后走到了。妈妈当时气急败坏，我还爬到了树上不肯下来……在那么小的年纪，我内心就有强大的决心。"

鲍勃·奈特（Bob Knight）是富有传奇经历的大学篮球教练，他见过不少有进取心的小孩，但最后只有努力工作的那些孩子们成功了。有一段时间，鲍勃忙于宣传他的新书《消极思考的力量》（*The Power of Negative Thinking*），他对我说："我想告诉家长和小孩，我将会是最严厉的教练。如果你和你的孩子接受不了，那就别考虑加入我们了，因为还有很多其他严峻的考验要去面对。每天的每一堂课你都不能错过，而且要准时准点。即使你在中学时代已经是一名很好的校队选手，但想要成为一名大学校队运动员，前面还有很长的路要走。这也是我们想要在你身上栽培的……在教室里，我会非常严厉，在篮球场上也是一样。实际上，到现在为止，还没有出现完全能够满足我要求的人。"

这一切都回到了前面格列厄姆说的那句内心暗示语："除了努力工作，别无选择。"

我在想，如果要奈特教练来谈谈努力工作的话题，他会说些什么

---

① 1 英里约等于 1.6093 公里。——译者注

呢？他会用什么办法让你相信自己的品牌，让你知道自己几斤几两？如果让奈特教练当你的终极人生导师又会怎样？于是，带着这些问题我向他寻求了一些指点。

"最重要的是要知道，凡事都比你想象得更为艰难，"他说，"你这姑娘长得很漂亮，脑袋瓜也很聪明，而我就会故意打击你，看看你什么反应。你能够表现得和我心中期待的一样吗？如果不能，那你也不会坚持努力工作太久。当你和他人竞争，尤其是和与你教育背景相当、一样聪明的人竞争时，你会知道那是什么情形吗？在商业世界里，这样的竞争到处都在上演。如果说我对你有什么期待？那就是A—B—C（永远要达成交易），如果你不能做到，在某种程度上你就不会成功。"

心怀 A—B—C（永远要达成交易）的信念，按 A—B—M（永远要动起来）的方式行事。

第 2 章
为什么 Q 因数如此重要

你身边是不是也有这样的例子？我有一个朋友，拥有一个非常适合的工作机会。她天资聪颖、科班出身、魅力十足、为人友善——总的来说，这份工作几乎就是为她量身准备的。可最后我还是惊奇地得知，她被拒绝了。这似乎太不合常理了吧！

如果这个人是你怎么办？你有没有想过，到底为什么会被拒绝？

你要是知道 Q 因数（Q-Factor），这种情况就不难理解了。

这名新闻主播有没有亲和力？这档节目受欢迎吗？电视上出现了某个类型的人物，观众喜不喜欢看？在电视行业，我们用 Q 因数来描述广大受众对一个人物、一档节目、一个品牌的看法。把广告投放到哪里？给旗下的哪些品牌做推广？一些公司也用 Q 因数来做决策。有时候，即便一个栏目拥有庞大的收视群体，如果观众对节目的内容不买账，那这就不是一个很好的广告宣传平台。这些观众是来看热闹的，他们喜欢节目里的冲突或者激愤，但这些给人的感觉都不好。也就是说，这个节目其实是不讨人喜欢的。

米特·罗姆尼（Mitt Romney）可以成为一名完美的总统，他满足了几乎所有的要求。

良好的教育背景：✓

公职经历：✓

头脑聪明：√

足智多谋和丰富的商界经历：√

不吸毒、没有绯闻、没有不可告人的秘密：√、√、√。（他还有良好的心态，大选失败后的那个早晨喝的是巧克力牛奶。）

但是有一样东西米特·罗姆尼没有，那就是较高的 Q 因数。

我不知道有没有人真的算过罗姆尼的 Q 因数值，其实也没必要。2012 年 11 月美国大选期间，不管是我见过的共和党人还是民主党人，他们都说了同样的话：米特不够招人喜欢。当然，在特定的人群中他是受欢迎的，但是相较于超过 2 亿人的全国选民来说，他表现得不够好。相应地，即使有一群人非常不喜欢巴拉克·奥巴马，但喜欢他的人占到绝大多数，所以最后他成了总统。

别把"招人喜欢"和"为人友善"混为一谈。我认识一些脾气很坏的人，但他们就是很招人喜欢。比如说橄榄球场上的"坏脾气"乔·格林（Joe Greene）①，他不屈不挠的性格让人又爱又恨。大家在这种情形下还喜欢他，是因为他很真诚。是否招人喜欢，取决于你是否真诚，是否实在。

我以前读过不少非常有启发的人生箴言，其中有一句话是这么说的：人都喜欢和自己喜欢的人共事。

多么简单的一句话啊！你每天和同事们在一起的时间超过 8 个小时，你盯着电脑屏幕，回头看看也在盯着电脑屏幕的邻座同事，是不是更希望有一种好的心情呢？

在现实职场中，老板们总爱把自己喜欢的人聚拢在身边，但这些

---

① "坏脾气"乔·格林是美国著名的橄榄球明星。由于球场上表现出色、性格桀骜不驯，粉丝们给他取了昵称 Mean（脾气不好的）。

人或许并不是该职位的最优人选。另一方面，如果你是一名表现一般的员工，但你周围有不少讨人喜欢的同事，那么你在这儿工作的时间可能会更长久。讨人喜欢是一种很强烈的心理感受——它是喜爱，但又不及爱。很少会有人永远爱自己的同事，但喜欢他们是一种精神上的满足。

"和蔼可亲、与人为善，这些品质都极其重要。"纽约最大的房地产开发商之一布鲁斯·拉特（Bruce Ratner）说。我们见面的那天，拉特刚签署了一份场地使用协议，在位于布鲁克林的巴克莱中心，将举办 MTV 音乐电视的颁奖典礼。届时，著名歌手 Jay Z 和贾斯汀·汀布莱克（Justin Timberlake）会在此同台献艺，双栖女明星麦莉·赛勒斯（Miley Cyrus）也将在巴克莱中心的舞台上大放异彩。"和蔼可亲能使你受益良多。跟我一起共事的，不见得是那些极其卖力、勤勤恳恳的人，而多是平易近人、谦恭有礼的人。我把这种类型的人叫作'胶水人'，因为他们能够把很多东西黏合起来，并乐于帮助他人，深受大家喜爱。只要有人遇到了麻烦，他们就会去帮忙排忧解难。如果一定要打分，那么他们会得 A 吗？未必，他们可能会得 B。"

可有时候，即使你不那么讨人喜欢，老板还是会愿意让你常伴左右。这主要是因为，你身上有其他优点，就像一个明星运动员一样。不过，即便是这样，身上的光环也总有褪去的那一天。当你极其不受欢迎时，无论你对公司有过多大贡献都无济于事。

约翰·钱伯斯（John Chambers）是全球最大的科技公司之一思科公司的 CEO。思科不仅做收购技术的生意，他们的硬件产品也让整个世界互联互通。你可能听说过思科的办公电话会议系统最为出色，我们彭博电视台也在用。

约翰从 1995 年开始执掌思科公司，他是美国在职时间最长的 CEO 之一。有人说他铁拳强腕，但他也很平易近人，像一位来自南部的谦和绅士。每次我们在电视直播中采访他时，约翰口中的那句"谢谢"总是那么铿锵有力。直播空当的广告时间，他也不失时机地跟我交谈，表示很喜欢接受我的采访。我知道，通过这种方式可以让采访者和被采访者变得更加亲密融洽，但他的确是出于真诚。约翰是个可爱的人。

约翰承认，在 18 年的思科生涯中，鉴于一些人在某些方面的巨大成功而容忍了他们在品行上的不端是他犯过的错误之一。

"我犯的错误之一就是一直把消极对抗型①的人留在公司。他们总是把自己和自己部门的利益放在第一位。"约翰说，"我曾想过这样的态度是可以改变的。也确实，只有在你要求时他们会改，一旦你不对他们施压或者不在你的可视范围内，他们就会变回原形。如今，思科公司对消极对抗行为零容忍。就算你三头六臂、本事再大，我们也会请你离开。"

"你能不能在公司里更快地发现这样的人？"我问。

"是的，我以前能更快地找出来。我当时还在想，我是可以改变他们的，但我真是太天真了。（笑）其实也只有当着我的面时，他们会收敛些。"

问题是，你不可能喜欢身边的每一个人。同样地，也不可能让人人都喜欢你，但这并不能说明你是好人还是坏人。谁都会遇到这样的情况。

每当遇到这样的时刻，职场中女性的处境更为艰难。我曾经也有过这样艰难的日子，如今想来也挺有趣。

就像莎莉·菲尔德（Sally Field）把奥斯卡奖杯高举胸前时，喜欢

---

① 消极对抗（passive-aggressive），指前恭后倨，人前人后两种模样，有意见也不敢当面提，老是满腹牢骚放马后炮，或者消极抵抗、拖泥带水，故意将事情搞砸。

她的粉丝们会更加喜欢。就我而言，喜欢我的人，也是真正地喜欢我。

不过我也知道，有些人可能会讨厌我。不管什么时候，不管是我在现实生活中遇到人，还是收看我节目的观众，他们中总是有喜欢我的，也有讨厌我的；有觉得我很烦人的，也有欣赏我的才华的；有被我吸引的，也有排斥我的；有喜欢我的一颦一笑的，也有对我嗤之以鼻或羡慕有加的。不管什么时候感知到别人对我的看法，哪怕只有短暂的一瞬，我内心也会由衷地认为，我是一个可爱的人，因为我本质上还是招人喜欢的。

莎莉·克劳切克（Sallie Krawcheck）是华尔街上曾经最有影响力的女人之一，她也很受人欢迎。不过，喜欢她也不容易。她事业有成、相貌姣好、身材苗条、家底丰厚、幽默风趣、衣着有品位……她就像朱莉娅·罗伯茨在电影《我最好朋友的婚礼》（*My Best Friend's Wedding*）中所扮演的角色一样，活脱脱一个天生丽质、优雅动人的白富美，"完美得让人羡慕嫉妒恨"。她也像谢丽尔·桑德伯格在畅销书《向前一步》中提到的真实人物哈佛商学院的海蒂/霍华德[1]。研究者发现，只要换一个性别，受访者就会有截然不同的反应。尽管他们有着相同的文凭，但总的来说，霍华德还是比海蒂更招人喜欢。

上述案例分析的结果也说明了"确认偏见"[2]的存在。莎莉给我讲的一个故事也能很好地说明这个问题。

"1998 年，我的事业已有一定成绩。我当时在想，华尔街上怎么

[1]　在 2002 年，哈佛商学院将硅谷有名的风险投资家海蒂·罗尔森（Heidi Roizen）事例写成一个案例分析。哥伦比亚大学将案例编成两份给两群学生阅读，仅仅将其中一份的名字改成霍华德（Howard，男性名字），分析结果显示，无论男女都觉得海蒂和霍华德一样有竞争力，不同的是他们更愿意为霍华德工作而不是海蒂。女性需要更有信心，相信自己拿高分的能力、晋升的能力，并坚持自己的岗位！
[2]　确认偏见（confirmation bias）指人们一旦形成了某种信念较强的假设，就会有意识地寻找有利于证实这一信念的各种证据，而不再关注那些否定该设想的证据，并人为地扭曲新的信息，这种证实而不是证伪的倾向叫"确认偏见"，也被称为证实偏见。

就找不出其他像我这么成功的女人呢？现在听起来很可笑吧！"她边喝咖啡边说，"于是我就打电话给一些华尔街上的女同行，然后说'我听说过你，我想过来认识认识你，介绍介绍我自己'。她们都答应了，真是太棒了！"

"我去见过摩根士丹利的一位资深女高管。我以前从没看过她的照片，见面之前我就想象她可能是这样一副形象——身高 196 厘米、体重 125 千克。也不知道为什么，我觉得她应该是挽着灰色的发髻，戴一副老奶奶式的金框眼镜。总之，我在心里给她描绘了一幅惨不忍睹的肖像画。

"天呐！见面时我才发现，她身高 157 厘米，体重只有 47 千克，五官精致、发型漂亮，全方位无死角的美人啊，而且她谦和友善、谈吐风趣、魅力十足。我们那天聊得很开心，快要走时我对她说，'我想告诉你，但我真的很不好意思承认。'我把来之前心里想的都告诉了她。于是，她笑着说，'我见你之前在心里其实也是那么描绘你的。'"

Work Smarts
What CEOs Say
You Need to Know
to Get Ahead

别自私了：快说出你的想法

卢·安布罗西奥（Lou D'Ambrosio）是西尔斯控股（Sears Holdings）的前任 CEO，因为一些私人关系，我与他相识。

到底是什么关系呢？我们是高中校友。

很早前我就听说过，卢也是中心中学毕业的，他对校友总是有一种特殊的亲切感。于是，我试着给卢发了一封电子邮件，告诉他我们的共同记忆。很快我就收到了一封热情洋溢的回信，他还在信中提到一个很让我振奋的消息：时间合适的时候，希望接受我的采访。

几个月后，他终于准备好了。我们第一次对卢做了电视专访。他带我们到伊利诺斯州西尔斯企业总部旁的旗舰商店参观，和我们讲述他是如何用不同的办法让一个有着 120 年历史的连锁百货公司重新焕发生机的。

卢和我之后也保持着联系，类似于朋友的关系，而不仅仅是工作上的往来。所以很自然的，我们有一天会坐在曼哈顿中城共进意大利午餐。我也向他寻求了关于职业生涯的建议。

他很快就告诉我，在一个公司里，谁要是把自己的观点隐藏起来，沉默不言，谁就是最自私的人。他这句话着实让我吃了一惊。由于没有勇气说出自己的想法，或是觉得自己的看法不值一提，抑或是觉得讲出来会给自己招来麻烦，所以很多人都把一些话闷在心里。但卢却有着不同的观点。

"我总是跟团队成员讲，我们需要听到你的声音。再好的想法，你不说出来和大家交流，那也是没有价值的。你要是不把自己的见解同大家分享，那么在某种程度上讲就是自私，就是对公司的不公平。现在，你和大家交流的方式与你和大家交流的内容一样重要。我还认为，你在同大家交流观点的时候，带点儿谦虚、暴露出一些弱点，这些都是很可爱的。"

"比如说'虽然我对这个领域不是很了解，但是我觉得……'这样？"我问。

"对的，还有就是'这个想法可能不是很好，你们大家怎么看'，或者是'我尊重你们所说的观点，但我并不赞同'。我还要告诉你，有好点子却不与人交流的人，他们的信誉也不会好到哪里去。而那些乐于把自己的想法与他人分享的人，得到的信任比本应拥有的要更多。"

卢说，鼓励大家表达自己的观点也会带来一个问题，那就是公司的每个人都想到他面前阐述自己的观点。不过，他说自己遵循"10 法则"：如果一个点子不能在 10 分钟或 10 张 PPT 内讲完，那么就不值得花时间去听。

至于那些找他谈话只是为了说一些自身私事的人，他开玩笑说："有时候我也会躲得远远的。"

　　有人会说，有两个原因让莎莉不那么容易招人喜欢。一，她是强势的女商人；二，她从事的是广受诟病、名声不好的金融行业。还记得 2011 年和 2012 年的"占领华尔街"运动吧，抗议者们蜂拥而至游行示威，就是针对那些"贪婪的银行家"。

　　说来也奇怪，本章的写作灵感之一其实来源于资深华尔街银行家、摩根大通副董事长吉米（"Jimmy"，James B.Lee Jr）。吉米在投行界是个传奇人物，过去 30 年间他帮忙发起和注资了不少大宗交易。传媒大亨鲁伯特·默多克能成功收购道琼斯公司，吉米功不可没。当时正处于金融危机中，吉米还对克莱斯勒银行、通用汽车公司和美国国际集团实施了资金援助。2013 年，戴尔创始人兼 CEO 迈克尔·戴尔的公司私有化交易，吉米也参与了帮忙。

　　特德·福斯特曼（Teddy Forstmann）去世时，吉米作为逝者的生前好友到彭博电视台演播室接受采访，那是我第一次见到他。正如坊间传闻所言，吉米是个既幽默又谦虚的人，身上一点儿都没有"华尔街人"的影子。几个月后再次见面，我问他如何能在兴衰成败、起起落落的投行界做这么长时间，他回答道，一部分原因是懂得如何利用"情商"与他人沟通。

　　"一个不受人喜欢的老板，他运营的公司可以存活一时，"他说，"但我认为，这个公司绝对干不长久。短期来说，独裁者式老板可以得到一些立竿见影的效果。但就长期而言，这样的老板在带领员工继续前行攀登时，可能有人会在背后朝他开枪。"

　　"是什么让我与众不同？那就是 3Q，IQ（智商）、EQ（情商）和 Q（Q 因数），"他继续说道，"实际上，这已经超越了'讨人喜欢'这个层面，即便是我们在生意往来中没见过面，我们也会成为很好的朋友。"

　　在"讨人喜欢"面前，确认偏见会让你做出怎样的判断呢？

　　万事万物，芸芸众生，我们是否喜欢一个人都取决于确认偏见。

如果某人赞成枪支管制，那么他就很可能不会喜欢持有枪支的得克萨斯州农民。如果你以前给有线电视服务公司打电话时有过不好的经历，或者你听其他人也抱怨过类似的问题，那么你拿起电话再联系他们时，心里想着这次的情况肯定也会一样糟糕。即使你以前遇到过一两个态度非常好的有线电视服务公司，但你心里还是会有一种成见：他们基本上不知道什么是客户服务。有一次，我在奈飞的客户服务网站上在线咨询问题，真是大吃一惊。对方一个叫娜塔莉（Nathalie）的客服给我发的每一句话结尾都是"！"，有时候是"！！！"。我的感受就是，奈飞多么希望我能喜欢他们，想让我知道他们和其他公司是不同的。

确认偏见一直在影响我们，但事实证明，基于它形成的判断大多是错误的。不幸的是，我们也总是把第一印象当作唯一的评判标准。就拿我在本章开篇举的那个例子来说，一个完美的工作候选人，为什么最终没有被聘用？可能出于某些原因，面试官就是因为不喜欢这个人而没有选她。可能是她过于完美，可能是她在回答问题时不够真诚等，任何原因都有可能。不管在什么情形下，我们都缺少一个机会来证明确认偏见的错误。

不过，讨不讨人喜欢能在一定程度上说明确认偏见存在的问题。为人真诚、慷慨大方，这些优点都能加分，但讨不讨人喜欢更多的是看你有没有做出一些超出他人期望值的事情。别人虚情假意时，你抱诚守真；别人自私自利时，你无私大度；别人惊慌失措时，你处变不惊。虽然做到了这些不等于就是个受欢迎的人，但这些想法和行为都要发自肺腑、源于内心深处。讨人喜欢更多的是一种与生俱来的品质——一些人天生就比别人更受欢迎些。当然，讨人喜欢也可以后天习得，你要学会自我控制。

在第一轮大选辩论中，罗姆尼的表现比奥巴马略胜一筹，也就是说他当时更受大家欢迎。原因何在？在民众眼中，罗姆尼应该是个家底殷实、有特权的白人，大家都在等着看他的"好戏"，看他如何在辩论中卖弄自己的聪明、发表势利的言论。出人意料的是，他的表现却恰恰相反，既谦虚谨慎又有一股对改善美国民众生活的真挚热情。

后来，我们大家都知道左翼杂志《琼斯母亲》偷偷制作了一个视频在网络上疯传，证明了选民的确认偏见。罗姆尼还真是个有钱有特权的白人，而且认为自己比美国 47% 的人更聪明更优秀。那天的早间新闻轮番报道此事后，罗姆尼就开始变得不那么招人喜欢了。

莎莉·克劳切克被美国银行炒了鱿鱼后，她本可以淡出公众视野享受百万富翁的生活。但她并没有，而是站出来吐露心声。她坦言，这个决定很艰难，也令她非常尴尬。不过，她也很感激那次被炒鱿鱼，因为这让她变得更强大了。也就是从那时起，以前对她心存偏见，说她冷酷，认为她在华尔街是踩着别人往上爬的人，对她的态度都开始有所改观。

1936 年，戴尔·卡耐基写了那本经典的《人性的弱点》(*How to Win Friends and Influence People*)。此后几年，类似的书籍层出不穷，教人们如何变得更受欢迎。据我观察，这些书其实都是在讲几个基本的东西。虽然这些建议不能让你马上就有朋友，但从长远来看会使你变得更招人喜欢。

Work Smarts
What CEOs Say
You Need to Know
to Get Ahead

他人为先：这是讨喜媒体公司（Likeable Media）CEO 戴夫·柯本（Dave Kerpen）说的，他的公司专门帮助企业变得更"讨人喜欢"。"最重要的是，把他人放在第一位。在个人或职业上得到好处之前，想想你能给他人带来什么。"他说，"对某些人来讲恰恰相反，他们是先己后人。任何时候你都可以说上一句非常重要的'我能帮你做点儿什么'。人人都只为自己考虑时，你若能为他人着想，你就会变得更受欢迎。"

后续行动：说起来容易，做起来难。承诺好的事情，到最后没有做成，这样的人太多了。我有时候也会这样，每次都极其后悔。每次答应好别人的事情都完成时，我心里也特别有成就感。后续行动也是说话算数的表现，你说好了要回复别人的电子邮件，那就一定要回；你答应了要在两周之内给人答复，那就一定要打电话给他。如果没有后续行动，就很难获得别人的信任。

准时准点：明星和总统是迟到大王，但是你不可以是。一个人总迟到，说明他不在乎别人的时间。我真的非常感谢那些嘉宾，不管他们是多大的人物，每次做直播时都能准时到场，甚至是提前到。有一次，我和华尔街的一位 CEO 约好吃午饭，那天我迟到了。下一次再吃饭时，他要确定我是不是已经到餐厅了才从办公室出门。这个亲身经历说明，除非你们一同前往，否则就不要让别人等你。"路上太堵"这个借口顶多就只能用一次吧！

言为心声：父母们肯定都有这样的经历：孩子把画作或文章带回家给你看，希望你能喜欢。但老实说，画得不是那么好。你该怎么办呢？不要撒谎说画得真棒，你应该真诚地告诉孩子哪些地方的确不错，比如说色彩用得很大胆、云的形状很特别等。

不光是对孩子，对待成年人也一样。如果你想让某人感到开心，那就真心实意地指出一个具体的优点，例如围巾系得很漂亮、头发颜色染得不错、停车技术很娴熟等，总之就是要真诚。

如果你要在工作场合赞扬某人，那就不要说"太好了"或者"你做得真棒"之类的话。我遇到过不少人，他们总是对我说"我很喜欢看你主持的节目"，但实际上，他们并没有看过。如果有人说"我超喜欢你那天采访的嘉宾"或者"谷歌那期节目主持得很不错"，我就会感觉这些赞扬都是由衷的。我赞扬别人时也在用这样的方式。一起吃完午餐后，我不会说"谢谢你的款待，你真是太好了"，我会选取一个具体的点，比如"在对 X 的看法上，咱俩真的很有共鸣"。人际关系的建立，不是一蹴而就的。既要察言观色，也要坦诚相待。

Work
Smarts
What CEOs Say
You Need to Know
to Get Ahead

第 3 章
社交的技巧

要说现在有什么事让我比较畏惧，那就是参加鸡尾酒会进行社交。虽然这是工作的一部分，但会让我很不自在。看着陌生人胸前写着公司和名字的名片签，端着酒杯在人群里穿来穿去，多少有些傻气。

哈里·威尔森（Harry Wilson）是一位从私募股权合伙人跨界到政坛的破产专家，我问过他在社交场合是如何应对的。"首先，我去酒吧。一般来讲，大家都会在那里喝酒聊天，比较容易遇到人。"他说，"酒吧里的人大多都是招人喜欢的，他们乐于与人交谈，所以搭起讪来也很容易。几个星期前我参加了一个活动，那儿的人我一个都不认识。怎么办呢？我去拿了杯咖啡，其实我不喝咖啡的，然后就和坐在我旁边的人聊了起来。后来发现，我们还共同认识不少人。通过他我又结识了新的朋友。"

几周之后，我就实践了哈里教的方法。我受邀出席某银行总部的鸡尾酒会，当天的宾客有上百人。我想肯定有一些我认识的人也在场，但一直没有看到熟人。酒会的组织者搞得就像婚礼上负责迎宾的新娘父亲一样，贵宾电梯里只要出来个穿着讲究的人，他就会迎上去热情打招呼。和他简单寒暄几句后，我快步走到吧台点了一杯酒。坐在我旁边的老绅士也点了杯喝的，于是我们就说了几句话。聊天中得知，他在旅行者保险公司（Traveler's Insurance）工作。说实话，我们聊得并不投机。过了一会儿，我打算再去认识认识其他人。

在我右手边，有两位绅士聊得正欢。我顿时有一种感觉，如果我贸然上前跟他们搭讪，会不会被认为是个派对上受到冷落的女客人呢？不管这么多了，在他们谈话的间隙，我插上了一句"不好意思，打扰了"。他们人很好，其中那个讲话带意大利口音的人说他的生意主要是在新泽西州。太好了，虽然我们没有共同认识的人，但我就住在新泽西，对自己住的地方发表些观点总是可以的吧。

看来，当天酒会上觉得落单的并不止我一个人。几分钟后，一位穿着三件套西装的中年男子加入了我们三个人的谈话，并做了自我介绍。他在银行工作，说在电视上看过我主持的节目，于是我就跟他们聊了一会儿电视台的事。突然，背后有人喊我的名字。

原来是我以前的同事罗伯特·汤姆森（Robert Thomson），他现在是《金融时报》的编辑。太棒了，终于出现了个熟人。他朝我走来，脸上是他那个标志性的漏齿笑。我说："你怎么在这啊！"其实内心真正想说的是："谢天谢地！多亏你来了，全是陌生人的酒会，简直太让我难堪了。"我们聊了一会儿以前工作的事，这时铃响了。宾客们像一群温顺的绵羊，陆陆续续去往餐厅。那次鸡尾酒会总算过去了，还好没出什么洋相。

你要是没遇到过类似的经历，那么你只有可能是以下两种人：一种是非常有名的人（到哪都有人认识你），一种是到哪儿都有人陪的人。对于大多数上班族来说，这样的经历也是职场生活中常会遇到的。

当然，社交并不仅仅局限于鸡尾酒会。社交最基本的作用在于，让你和他人建立联系，相互能提供对各自事业有益的帮助。我见过那种时时刻刻都在社交的人，不管是在打棒球还是在办公室里或者聚会上，他们都没闲着。世界就是一个大操场，每天遇到新的人，每天建立新的关系。遇到的人越多，你的能量就越大。性格外向的人，看起来似乎更容易成功、更幸运。那是因为他们总在结识新的朋友、建立新的关系，想不成功都难。

还有一些人通过互联网进行社交，比如说用 LinkedIn。为了避免广告嫌疑，很多次我都忍住了没提这个网站。基本上每一位跟我交谈过的 CEO 或者企业高管都表示，他们都把 LinkedIn 当作猎头工具，在上面寻找潜在员工或者跟别人联系。

丹·波蒂略（Dan Portillo）是美国最成功的风险投资公司之一格雷洛克（Greylock Partners）的合伙人，曾经投过 Facebook、Pandora 等，当然还有 LinkedIn。他每天的工作基本上就是与人见面，弄清他们与格雷洛克风投过的哪些公司最契合。他也是在不停地社交。

"在目前所有的社交媒体网站里，LinkedIn 是最有价值的。"作为该公司的投资者之一，丹毫不避讳地告诉我，"我每天都要上几次 LinkedIn，我的团队也每天用它来做各种各样的事。我会一直开着它，用它来找人，通常是做一些背景情况的了解。比如说我要跟别人开会，我就会让助理在会议准备材料里加上 LinkedIn 资料。因为我想知道，我和对方有没有共同认识的人。知道了这些情况，我就会更了解对方。交集越多，今后打起交道来也会更加容易。"

"在 LinkedIn 上和我联系的人，很多后来都被雇用了。我还跟那些应届毕业生讲，要学会用 LinkedIn。因为在上面你可以通过资料介绍找到一些你感兴趣的人，也可以看到一些雇主能提供的工作岗位，以及他们的用人标准。雇主也可以列一个单子，然后按照要求去找需要的人。"

Work
Smarts
What CEOs Say
You Need to Know
to Get Ahead

求职面试：你能过"品位测试"关吗

特蕾莎·泰勒（Teresa Taylor）曾是电信巨头 Qwest 的首席运营官，有一次她来我们彭博电视台做节目，宣传其新书《平衡的神话：重新思考工作

Work
Smarts
What CEOs Say
You Need to Know
to Get Ahead

与生活的成功》（ *The Balance Myth*：*Rethinking Work-Life Success* ），其礼貌和谦虚的态度给我留下了深刻印象。那天，陪她一起来的还有她的嫂子。因为我要先做完广播节目后才能开始电视采访，所以她一直耐心地等着，在没人的会议室里处理邮件。她这个人给我的整体感觉是放松自如，一点儿也不像在企业里高强度压力下工作的人。

在一个以男性为主导的行业里，女高管实属罕见，而她就是其中之一，手下的员工曾有三万人。她坦言，自己能够成为佼佼者，很大程度上是因为她的快速决策能力。她希望自己的员工也具备这种能力，于是我们便聊起了关于工作面试的话题。

"我面试应聘者的诀窍是与他一同吃饭。当你与他共进晚餐、午餐或者是早餐时，你就能看到一个真实的他。举例来说，在一起去餐厅的路上，他会有什么表现？我知道这听起来有点儿可笑，但我的目的是想看看他能不能在路上和我交谈，到餐厅就坐后能不能礼貌地对待服务生，以及他会不会点菜单上没有的东西。如果我和某人一起吃饭时，他说'哦！我可不可以点这个，不要那个？还有这个，不要那个'，我就会……你应该也见过这样的人吧？"

"当然有。"我说。

"天哪，能别这么啰唆吗，直接点就好啊！在我看来，这种表现就是'减分'行为，因为他们连点菜这个简单的决定都做不了。不瞒你说，很多我原本打算要录用的人，在一起吃完饭后，我就改变了主意。"

"面试别人的时候，你经常会提什么问题？"我问。

"应该是些没有固定答案的开放性问题吧。例如，'你能就某个问题从两方面来分析一下吗'。主要是想看他能不能按要求从两个方面来回答……你会惊奇地发现，很多人虽然一直在那儿不停地说，但就是不能按照你指定的要求作答，而且思路混乱不清。其实，回答问题也是一个做决策的过程。连问题都回答不好的人，怎么还能当领导？"

与丹用 LinkedIn 不同，我发现午餐是我最有效的社交方式。每顿午餐我都带有三个目的：

1. 加深我与对方的关系；
2. 听故事和获得好点子；
3. 介绍新人给对方认识。

吃完饭的第二天，我总是会给对方发去一封感谢信。

为什么一起吃午餐很管用？我在道琼斯新闻社香港分社工作时，分社总编辑说，这是他从《华尔街日报》执行总编鲍伟杰（Marcus Brauchli）身上学来的一招。鲍伟杰那个时候也在香港，负责《华尔街日报》亚洲区的工作。我的分社总编辑当时很困惑，因为他发现鲍伟杰每天午饭都有约，日程表上的午餐时间永远都是有安排的。不管和他一起吃饭的人能不能提供有价值的消息来源，他每天都要确保是在办公室外面吃午饭、与人会面。在我看来，这就是鲍伟杰能坐到现在这个位置的原因之一。

当时让分社总编辑感到困惑的事情，现在同样也困惑着我。

我在为写这本书做准备时，谢丽尔·桑德伯格的《向前一步》刚好出版。她在书中说职场女性会遇到很多棘手的难题，其中就包括社交。在职业生涯的攀升期，女性如何才能找到正确的事业导师以寻求帮助呢？

桑德伯格在书中也很精妙地描述了，女性在找比自己年长的男人寻求指导和帮助时（最大的问题在于绝大多高管毫无疑问都是老男人），有时会因性别关系让事情变得复杂。20 世纪 90 年代执掌美国运通近 8 年的哈维·格鲁伯（Harvey Golub）对桑德伯格的观点表示认同。

"虽然我坚持男女平等，但在有些方面我还是会对员工'男女有别'，"他回忆说，"我不会和女员工单独吃午饭，也不会在门关着的时候和女员工共处一室。如果我的办公室里有女性，我会让我的秘书也在场。我也不会和女性单独参加鸡尾酒会……这么做的部分原因在于，我见过太多凭空捏造的性骚扰案例了，所以我要防患于未然。不过，在给女员工升职的问题上，我是从来不会区别对待的。这就是我的态度。"

桑德伯格主张用更加正式的途径来社交，她还提到了一项研究调查，其结果显示，女性在正式的社交中比男性更具专业优势。而我前面说的吃午餐，就不属于正式的社交方式。

桑德伯格那本书给我印象最深刻的，或许就是这部分内容了。不光是因为她提出了一些新观点，同时她还让我突然发现，曾深信不疑的社交方法居然属于女性职场发展最大的阻碍因素之一。在美国，大家讨论更多的往往是女性能否同时兼顾工作和小孩，而没有太多地关注为什么女性不能更好地进行社交。可一旦她们在社交上没有好的表现，职场上就会处于劣势。

处于职场劣势会怎样呢？

工作—生活政策中心（Center for Work-Life Policy，CWLP）的研究结果显示，美国超过一半以上的新雇员都是女性，占 53%。

当这些新雇员摸爬滚打到副总裁的位置时，女性只占到 26%。

继续晋升到执行委员会级别时，女性只占 14%。

财富 500 强企业中，女性 CEO 有多少？只有 3% 左右。

那么，女性在职场中的劣势主要是由社交问题造成的吗？麦肯锡公司 2011 年发布的一份报告显示，家庭和孩子并不构成女性职场失利或离职跳槽的主要原因。或许，这只不过是一个完美的借口罢了。

到底是什么阻碍了女性的事业发展？麦肯锡研究的结果如下：

1. 缺乏非正式的社交关系和指导者；

2. 存在一种固有观念——女性不能胜任艰巨的工作或者是更高的职位。

然而，我们很难去统计到底是谁、有多少人持有这样的固有观念，但我们都知道它是存在的。正在看这本书的你，或许就有这样的观念。

我想说明的是，社交虽然不是你的义务，但如果你想在事业上更上一层楼，社交就是必不可少的。你可能会说，你既不会打高尔夫，又不会和男人们一起在吸烟室里聊天，所以你不擅长社交。其实不然，社交的方式多种多样，只要选择自己擅长的就能够建立关系圈。

Work
Smarts
What CEOs Say
You Need to Know
to Get Ahead

CEO 与他们的导师

我采访过的 CEO 在谈到社交时都会说起他们的导师。他们中的每个人都有一位改变其人生的导师。不足为奇的是，父母往往是自己的第一任人生导师。

"我从小就对投资有浓厚的兴趣，"沃伦·巴菲特说，"这一兴趣从何而来呢？七八岁时，我每个星期六都去爸爸的办公室，那里有很多投资类的书。从那时起我便开始读这方面的书。在看完办公室里的书后，我又去公共图书馆继续阅读所有的投资类书籍。不过在此过程中，并没有什么人要求我这样做……我爸爸也并没有因此特别开心。他只是觉得我的行为挺有意思的。他对于我做的每一件事都持鼓励态度，我最终做成的事中，没有一件是他强迫我做的。"

Work
Smarts
What CEOs Say
You Need to Know
to Get Ahead

　　"6 岁时，妈妈会和我们坐在一起，温习《读者文摘》中的词汇。她对我们的教育投入了不少心血，"杰出的纽约房地产开发商布鲁斯·拉特回忆道，"我的父亲总会看我的成绩单，但他可能都不知道我在上几年级，他真的不知道……他说话带着意第绪犹太语口音。在上小学的时候，我是班上唯一一个父亲说话有口音的孩子。长大之后，这口音听起来与纽约有些格格不入。他之后就很少来学校了——我觉得这是因为他（为自己的口音感到）不好意思。所以，他总是看看成绩单，说'拉斯金（他经常叫我拉斯金），给你 25 美分。拿到一个 A 给你 25 美分，成绩是 B 没有钱拿'——A 值 25 美分而 B 一文不值。"

　　除了这些由父母带来的最初影响，几乎每个人都还有一两位重要导师，他们的言行会对自己的事业产生深远影响。正如之前提到的，人们会有一个很大的误区，认为事业想取得成功，就需要一支导师大军来辅佐。事实上，大多数情况下能和你有深度交流的导师掰着指头都能数过来。导师不在于多，而在于他们对你的影响有多大。

　　在谈及他的父母之后，布鲁斯表示，另一个对他人生产生重大影响的人物是前纽约市长郭德华（Ed Koch）。

　　"我把他当成自己的楷模，"布鲁斯说道，"我努力向郭德华看齐，努力变得外向，在和他人交往时坦诚相待，让自己处变不惊、遇乱不慌。我经常问自己，'郭德华是怎样做到的？'"

　　莎莉·克劳切克的首任导师是她的一位同事，名叫威斯汀·希克斯（Westin Hicks）。"他当时是斯坦福·伯恩斯坦研究公司（Sanford Bernstein）的房地产和意外保险研究员，对我很感兴趣，我们常一起聊天。在我还是人寿保险分析师的时候，我俩的办公室仅有一墙之隔。我们还一起交流玩《石器时代》的游戏心得，我们每天差不多都要聊上二三十次。起初，他提议

Work
Smarts
What CEOs Say
You Need to Know
to Get Ahead

'让我读读你的研究成果。哦，你应该明白这个地方得仔细点儿，我年轻的时候就曾犯过这种错误。下次注意些'。在很长一段时间之后，我开始看他写的报告，也会给他提出建议。这是种'礼尚往来'的双向互动，我们的关系也因此更加深入了。如果要问这时候我的导师是谁，那就一定是他了。导师也好，人生建议上的赞助者也好，你和他们之间的沟通应不仅仅局限于获得建议，或许应该还有很多其他方面的沟通，而不是一味单项的索要建议。"

拉尔夫·索斯特恩（Ralph Schlosstein）是小型投行艾弗考尔投资银行（Evercore）的 CEO，他认为有时一位高官的只言片语就会影响一个人的生活。回想起刚大学毕业时，二十几岁的他在华盛顿工作，有一次他听了联合经济委员会的员工主管约翰·斯塔克（John Stark）的讲座，其实是一场非常普通的讲座。

"斯塔克最后说道，'如果说今天的讲座有哪句话是值得被记住的，那么就请记住这一句，当你在攀爬事业之梯时，曾经踩在脚下的人，会在你落魄时落井下石。'这或许是我所知道的说得最好的一句话，我的第一个老板在初次见面时也对我说过这句话。"

这种说法对已经摆脱困境的 AIG 保险公司 CEO 鲍勃·本默切（Bob Benmosche）也产生过类似的影响。不过，他是从母亲那里听来的，他母亲为他讲了一个叔叔的悲惨经历。

"她讲的时候很难过。因为我叔叔在事业蒸蒸日上时，很多人都来阿谀奉承他；但在他落魄时，墙倒众人推。因此，要保持现实的态度，对自己的处境有清醒的认识，别太高估自己。令我感到非常恼火的是，总有些人偏要反其道而行之。"

正式的社交方式很有效率，因为最起码双方的目的性都非常明显。就好比你去奶酪店，那就是买奶酪，而不会去那儿买一磅三文鱼，对吗？

有时候，非正式的方式也是一种很有效的社交途径。施乐公司（Xerox）前 CEO 安妮·马尔卡希（Anne Mulcahy）就把"老同学关系网"用得非常好。她表示，有一些人，尤其是女人，并不知道怎样去社交，或者是不知道如何很自然地找到事业上的导师。

"如何社交也得看具体的工作情况，不要太刻意。有时候我们会很轻易下结论。看到一个有权有势的人物，就会说他对我的事业肯定会有很大帮助。如果是这样，他在你的眼里就是被夸大了的、不真实的。而在他的眼里，他会觉得你这个人企图心太重。在我看来，社交中你给他人留下好印象更为重要。有些人会和比自己职位高的或者年长的人搞好关系，但是和自己的同辈或下属相处得并不怎么好。其实，这两种关系同样重要。

"据我观察，很多女性事业受挫是因为她们不擅长社交。尽管她们很努力，尽管她们很注重和自己并不是很喜欢的'上级'或'前辈'搞好关系，但和同事们的关系却并不怎么样……我并不是针对《向前一步》，这是一本好书，当然也给了我很多启发，但是有很多人把时间几乎都花在'向前一步'上了。我担心她们可能会有一种错觉，必须要时刻'向前一步'。我原以为桑德伯格的书中已经很好地解决了这个问题——你必须要坦诚相待、要为人谦逊、要招人喜欢，但问题是，很多女性并没有看过这本书，她们只是听到了只言片语，或许她们心里是这样想的：'哦，天呐！我一定要时刻努力地准备着，积极向上、奋力进取。'"

我们暂且不讨论这个问题，先来看看安妮的观点，因为我觉得她说的也挺有道理。女性与谦逊之间存在着一种复杂的关系。在两性中，女性通常被看成较弱势的一方。如果要在职场中扮演女强人的角色，她们就很难表现出谦逊和脆弱的样子。从另一个角度看，如果女

性显得有点儿掩盖锋芒或者不那么卖力打拼，就会被认为不可靠或者
不能胜任。

刚踏入职场时，我曾听过一个讲座，演讲女嘉宾向全场的女听众
建议，永远不要在 E-mail 的开头写"非常冒昧地打扰您，我想……"
或者是"我希望……"之类的话。她认为，这会让对方感觉写信的人
是个犹豫不决的弱女子。她讲得如此信誓旦旦，我遵循了这种教条好
长一段时间。可后来慢慢发现，其实在和一些人沟通时，尤其是在和
其他女性打交道时，温柔谦逊的方式效果会更好。

关键问题是，你要懂得在什么时候、以什么方式来表现自己的谦
逊。大多数谦逊的人实际上是非常自信的，他们有很强大的内心，他
们可以放低姿态，让自己更易于被认可、被接受。我住在亚特兰大的
那段日子，发现很多入主白宫当美国总统的都是南方人：吉米·卡
特、比尔·克林顿、老布什、小布什。美国南方人身上有一种魅力，
一种谦逊的魅力——他们从不炫耀自己的光辉往事，从不好大喜功，
所以他们更受民众欢迎。

前文提到的华尔街女投行家莎莉·克劳切克也是南方人，她出生
在卡罗琳娜州。一直以来，她都保持着强势但谦卑的姿态，总是不失
时机地拿自己开涮。其实她是想通过这种方式让自己松弛下来，更
好地与人相处。现在，我在很多 E-mail 的开头都会写上"冒昧打扰
您……"或者"希望您不要介意……"，并且不会觉得这种写信方式
会让自己受冷落或者被瞧不起。

讲了这么多，就是要告诉你社交的重要性。那么，到底应该如何去
社交呢？很多专家会建议，一定要自然，这到底是什么意思？我刚开始
做电视这行时，所有的播音培训老师都一直在跟我讲，在镜头前要"自
然些！再自然些"。对一个初学者而言，这可不是什么好的建议。如果别
人要你表现得自然些，那么你肯定不知道怎样做才是自然的。

虽然一开始我们并不知道哪种表现最自然，但至少得了解哪些是不应该做的。在社交方面，这种避免"不要"的方法我很受用，或许对你也会有帮助。

前文中安妮提到了"不要过于激进"，在职场中，激进表现为两个方面：一是行事上的激进（不停地发邮件、打电话），二是说话的语气很激进。有无数 CEO 和企业高管都曾对我说过，如果一个人来到他们办公室，表现出一副"你能为我做什么"的姿态，那估计就很难会有下文了。

另一方面，过于卑躬屈膝有时候也是一种激进。很多人乐善好施，但如果你一味地从他们那儿索求帮助，可能会适得其反。要记住，社交是礼尚往来，提供帮助也是相互的。即使你是一个初出茅庐的小将，对方是个资历颇深的商人，也永远不要低估你能给对方带来的价值。你是在社交中寻求帮助的人，而不是需要被人营救的灾民。

说起帮忙，我想到了另外一点：不要显得急于求成。我就见过不少这样的情况：一个年轻人带着很多问题去找一个比他资深的人，希望在短暂的交谈过后对方能立刻给他一些建议，来帮助他做重大的人生抉择。这也太突兀、太草率、太冒风险了吧！与其要他们给你的未来出谋划策，还不如让他们跟你分享经历，讲讲他们以前是怎么做的、他们为什么会有今天的成就。以这种方式和别人交流会更好，你从他们身上学到的东西会更多，而且也能为今后进一步加深关系打下基础。

很多人都是你生命中的匆匆过客，一面之缘后不再联系也很正常。想和别人建立并保持良好的关系，时不时地和对方联系非常重要。遇到的人不少，但真正能成为你事业导师的人则寥寥。就拿我来说吧，称得上是我事业导师的人，掰着手指都能数过来。我采访过的很多 CEO 都说，他们人生中第一任也是最重要的导师就是父母。你手上或许抓着一大把名片，但人到用时方恨少，谁可以当自己的事业导师呢？质量比数量更重要。

记住，不要过于挑剔讲究。过于挑剔讲究容易带来不良后果——消极、无趣、注意力不集中。对发型的挑剔、对食物的讲究、对态度的纠结，同时还夸夸其谈说个不停，就会让整个人显得紧绷。大家都想以一种放松的状态和别人相处，比如打高尔夫球就是一种完美的社交方式——蓝天绿地、视野开阔，身着柠檬绿的球衣置身其间，岂不叫人心旷神怡。就算是卡西莫多①在那儿，他也会看起来像是你最好的朋友。

有一次我问一位非常知名的新闻主播，为什么那些大佬都愿意接受他的采访。他说，不要给采访对象压力。有时候他给那些大佬打电话，就是很简单地问问好，聊些无关紧要的琐事。即使他内心有很强烈的诉求，也不会跟他们说类似"请来上我的节目"之类的话。人们都喜欢以自然而然的方式来发展关系，不希望对方总是怀有某些功利的目的。这一点我也深有体会，也从中吸取了不少教训。你和对方的联系越是个人化，你们之间的关系就会越深刻、更有意义。

还有，不要过于为自己着想。两个人想要相处得非常好，或者是你想和别人建立某种关系，首先要考虑的是你能为别人带来什么帮助。是不是听起来很耳熟？没错，这也是我们前面讲过的如何讨人喜欢的方法。如果你内心长存这 6 个字——"我能帮什么忙"，就会发现与周围人的关系大有改观，而且会相处得越来越好，感情越来越深。

谈到这个话题，我想到了亚当·格兰特（Adam Grant），我在宾夕法尼亚大学沃顿商学院读书时认识的教授。2013 年 3 月之前，没有太多人知道亚当这个名字。《纽约时报杂志》的一个栏目在介绍了他的研究成果和著作《礼尚往来》（*Give and Take*）后，亚当一下子在领

---

① 卡西莫多，又称"钟楼怪人"，出自雨果的小说《巴黎圣母院》。丑陋驼背却又心地善良的敲钟人卡西莫多爱上了美丽的吉普赛女郎爱斯米拉达，但他知道自己相貌丑陋，只敢把爱藏在心里。

导艺术与成功学领域变得很受欢迎。他研究的主题是"给予的力量"，那篇报道的标题"给予是前程无限的秘诀吗"很好地诠释了他研究的内容。

亚当的社交方式就是不断地给予——给予每一个向他寻求帮助的人自己的时间、资源和能量。每天他的邮箱里都会收到上百封求助信，找他帮忙或者咨询意见。那篇报道里写道，他几乎每封邮件都会回复，记者对亚当的利他主义精神佩服得五体投地。

于是，我决定给亚当发封邮件试试看。某个星期天，我给他发了封 E-mail，想问问他对我的节目怎么评价。11 点 51 分发出去的，11 点 52 分我就收到了回信。

贝蒂，你好！

收到你的邮件非常高兴。我十分爱看你主持的节目。几周前，你在节目中提到了我在 LinkedIn 上发表的关于谈判沟通的文章，我真的受宠若惊。

得知你正在写书，我非常高兴，也非常荣幸地能够回答你提出的这些问题。我会尽快给你详细答复……

祝好！

亚当

果然，那天晚上 8 点钟我收到了一封深思熟虑后的长篇回信，信中讲述了给予在社交中的积极作用。

1. 在社交活动中，人们通过"给予"与他人分享知识和人脉。社交中的付出予至关重要，它能给你创造一个更加深广的关系网，能给你带来工作机会，能让你在自己的岗位上脱颖而出。大多数人都有强联结（strong ties）[1]——自己了解的和信任的人，但证据表明，这也局限了思维创新。最亲近的人带来的往往都是些冗余的无用信息，因为我们共同认识很多人，了解到的情况其实都差不多。另外的两种联结关系会更有用，可以带来新的信息和机会：弱联结和休眠联结。一些泛泛之交就属于弱联结，休眠联结则是那些很长时间没有联系过的人。由这两种关系形成的圈子能让思维更开阔、想法更多元，并能源源不断地带来新的知识和人脉。例如，大卫·奥布斯特费尔德（David Obstfeld）的一项研究显示，有一类员工会在企业改革创新中发挥主导作用，他们经常会和一些能给自己带来帮助的同事搞好关系。同样，我和吉姆·贝瑞（Jim Berry）也发现，在多元组织中，最有创造力的员工就是那些既对自己的工作上心又乐于向他人伸出援助之手的人。

2. 在给予的过程中，人们最容易犯的错误就是"损己利人"。你不可能花所有的时间、精力去帮助他人解决所有问题，那些想倾其全力去提供帮助的人，往往会把自己弄得精疲力竭还下不来台。我发现，有效的给予关键就在于懂得设定自己的能力范围，给谁帮忙、怎么帮忙、什么时候帮忙，这些都要在心里有个度。要清楚地知道先帮助哪些人，知道自己擅长提供哪一类帮助，而且还能够把时间合理地分配到具体的任务上。只有这样，才能在帮助别人的同时也让自己有成就感。

总结一下亚当的建议：对不太熟的或者很久没联系的人要给予更多的帮助，但要有选择性地帮，别让自己下不来台。

在和亚当的邮件往来中，我们也建立了联系。

---

[1] 美国社会学家马克·格兰诺维特（Mark Granovetter）于1974年指出，在传统社会中，每个人接触最频繁的是自己的亲人、同学、朋友、同事等，联结的强度可由时间、情感强度、亲密性和互惠性指标来衡量。

Work
Smarts
What CEOs Say
You Need to Know
to Get Ahead

从招聘角度看：100 原则

　　风险投资公司 Greylock 的企业猎头丹·波蒂略遇到了一个棘手的问题。与他合作的公司都发展迅速，但他现在却面临着一个难题："我该如何让更多的人为我工作，我该如何确信他们就是最优秀的？"很难让那些高科技企业家出身的 CEO 们认识到，尽管自己可以成为一个创新者，但未必会成为一个好的招聘者。这就是丹的切入点。他和人事部的经理们一起去发掘顶尖的人才。尽管上面所讲的看起来不是什么大问题，但后果却相当严重，一匹害群之马会对整个企业文化造成毁灭性的破坏。我听埃隆·马斯克、约翰·钱伯斯、杰米·戴蒙等众多 CEO 都说起过。

　　2013 年初，丹做过一组名为《拥有你自己的招聘方案》（*Owning Your Recruiting*）的幻灯片，在社交媒体引起轰动。幻灯片后来挂到了 Business Insider 网站上，还引述了丹的话：唯一能有效地支持大型投资公司的办法，就是帮助他们在公司内部打造非凡的招聘机制。

　　之后，在和丹交谈时他告诉了我一个叫作"100 原则"的概念。

　　"我就是想告诉大家，招到合适的人没那么简单。如果你认为只需要给 5 到 10 个人发邮件就能从中选出合适的员工，那几乎是不可能的。所以，如果向 100 个人发送招聘邮件，回复率为 10%~20%，那么就会有 10 到 20 个人会回复你，而他们中的一半可能会来面试……也就是说 5 到 10 个合格的应聘者会在这 100 个人中脱颖而出，但最终能从中挑选出 1 个合适的人选，那就已经很走运了。我想强调的是，要想招到真正合适的人才，就需要扩大招聘的基数范围，列入更多备选人员。看到如此大的招聘基数，即使是那些长期做招聘的人或者第一次当人事部门经理的人都会感到震惊。但我觉得，硅谷大多数人正在逐渐习惯这一点。

Work
Smarts
What CEOs Say
You Need to Know
to Get Ahead

第 4 章
我要涨工资

我走进克里斯·伯奇（Chris Burch）的办公室时，他正蜷缩在沙发椅上，活像一只慵懒的猫。

去之前就已经有人给我打过"预防针"了，说这位亿万富翁、时尚设计师托里·伯奇（Tory Burch）的前夫是个有点儿古怪的人。看来，果真名不虚传。他瞧见我进来了，立马正襟危坐，然后猛地站起来，脸上露出热情的笑容，开始从上至下地打量我。"你这鞋真可爱！"他盯着上面的金鞋扣说，"它们看起来像螺丝钉，"然后他又把我的裙子夸赞了一番，"这颜色真漂亮！"

克里斯是个典型的"做自己公司"的人，他从来没有给别人打过工，一直都是自己当老板。他最大的成就就是创立了以他前妻的名字命名的时尚品牌。离婚后，他自己单干，开了女性时尚生活方式概念连锁店 C.Wonder。此外，他还做不少投资，比如 Powermat（无线电产品公司）、Liquipel（防水材料公司），还有五星级酒店。

"你去过印度尼西亚吗？我在那儿有一家非常漂亮的度假酒店，离巴厘岛不远，"他说，"你一定要去。酒店叫 Pink，我会给你个友情价的。"

我问他，这些年在事业发展上有没有犯过什么大错，从中学到了什么。

"太多了，数都数不过来。我曾经投资过鳕鱼生意，但当时我并不知道商品期货会对那个市场有如此大的冲击。从那以后我就记住了，一定要投资自己能掌控的东西。就拿鳕鱼来说，饲料成本比鳕鱼售价还要贵，这些都是很难掌控的。每当我发现了新的商机或有了自认为很聪明的点子时，我都要对自己说，小心谨慎……当某样东西火到大受追捧时，就是时候应出手卖掉了；当某样东西无人问津时，那就逢低买入！"

我俩天南地北地聊了很多，比如他小时候学习成绩不是很好，比如他对水晶的热爱，"我不会去做水晶生意的，因为大多数人都不喜欢水晶。"我们还聊到了，男人为什么会害怕。

"和男孩约会见面时，你只要按照他的想法来，重复他说的话就好，因为男人内心深处都是缺乏安全感的，"他建议道，"男孩可能会告诉你'我在某地度过了一个非常棒的假期'，你就照着他的话复述一遍。过一会儿他就会对你说，你是他见过的最迷人的女孩！"

聊到后来，他说："你随便说一个产品，什么都行！"

"保龄球。"我回答。

他闭着眼睛倚靠在椅子上，把穿着拖鞋的双脚放到咖啡桌上。办公室里一片寂静，他似乎在进行一场关于保龄球营销的无声头脑风暴。

"嗯……这商品还挺不错。上一次，别人给我说的是调味料。如何在保龄球上做文章、推出新型的保龄球产品呢？一般的保龄球拿起来不是很方便，我们只需稍加改变，让每根手指都能触底，抓起来就会容易得多。其次，在球内设一个跟踪设备，就是和网球跟踪技术类似的那种，把它运用到保龄球上。我们还要设计一个应用程序，它可以跟踪记录你发出的保龄球的运动轨迹。当你在等待下一局时，应用程序会给你呈现刚才是在哪里发出的球，球的路径是如何的。非常简单的跟踪技术，可以是带跟踪设备的手套，也可是内置跟踪设备的保龄球。售价就定 2.99 美元，和普通保龄球价格一样。我们可以选择中国的制造商，这会节约不少钱。广告语就是：让你比专业保龄球手更专业！"

说完，他才睁开眼睛，用一副满怀期待的面孔看着我。我连忙说："真是领教了！领教了！"

但真正给我留下深刻印象的是他稍后对我的一个简单问题的回答。

"如果有人想要涨工资，你会给什么建议？"

他静静地看着我，然后吸了吸鼻子说："你是什么意思？现在真的还有人会跟老板提加薪要求吗？"

"当然，大有人在。"我回答。那一刻，我才意识到，他好像与世隔绝，与我们这些为了薪水而工作的人活在不同的世界里。他自己似乎也意识到了这点。

"让你见笑了，我好像是有点儿跟不上形势。我是一个非常讲求公平的人，"他说，"关于薪水，很多人并不懂得其中的公平。和公平比起来，大多数人需要的是薪水（和稳定）。我从来没有提出来要求加薪，从来没有过。你说得对，这实在是太糟糕了！"

我认为克里斯是幸运的，而我们这些人，每年都会绞尽脑汁，想办法向老板提出加薪。在职场中，这是司空见惯的事情，只不过我们很少会有人知道如何提出这个要求。

在谷歌上搜索"如何提出加薪"，你会得到 2.95 亿个相关答案，而关于这方面的书也层出不穷。不少高管教练或者是财务专家也提出了很多关于如何增加薪水的建议。

《向前一步》的顾问团队之一、管理大师弗雷德·考夫曼（Fred

Kofman）有一句被广泛引用的经典名句："要求有更好薪水的唯一方法就是，你要变得比其他能胜任你职位的人对雇主更有价值（他很强调这一句）。因此，想要增加自己的薪水，唯有增加你对老板的贡献，要比现在贡献得更多。"

在道琼斯通讯社，我开始了新闻职业生涯，至于我究竟给公司带来多大的价值，其实我心里并不清楚。如果是个汽车销售，那我卖的汽车越多、发展的经销商越多，我的价值就越大。而就我所从事的新闻报道而言，很难说出它为公司带来了多少收入。

有一天，我坐在总编辑的办公室里。

"恭喜你贝蒂，我们听说，有一位客户因为你的精彩报道而订阅了我们的服务，"他对我说，"他觉得你的那篇报道很出色，让他意识到他应该一直需要我们这样的新闻信息服务。"

我听后当然很高兴，因为我终于能够看见我所做的工作给公司带来的价值了。几年后，我有了进一步的认识，有分量的内容，尤其是独家内容才是我生产的价值。

在提出加薪这件事上，我曾犯过错误，但有时候也做得不错。

有一次，我把自己的新闻佳作、独家报道列成了一份清单，然后拿着它向老板要求加薪 10%，最后成功了。我知道这是因为总编辑认可我的工作，而且不希望我因为薪资问题而离开。所以，几周后的我比以前要富有 10%。

还有一次，我在这家公司使用了同样的方法，但并没有加薪成功。哪里出了差错？因为老板换人了，和前任老板不一样，他没有义务那样做。

还有一次，我换了一份新的工作，工资几乎是之前的两倍。下一次，我直接接受了对方开出的"第一级工资"（雇主给出工资标准），由于太想得到，我都没怎么去看职位的要求（此后我的老板告诉我，这是个大忌）。

我在研究这方面的时候发现，在提出加薪请求时，有一些通用的方法。其实没有什么旁门左道，都非常简单，总结如下：

- 了解与你同职位的人的业绩；
- 举几个你为公司做贡献的具体例子；
- 不要讲个人原因，如"我要还贷款"等；
- 和老板私下沟通加薪的事；
- 不要以辞职来威胁。

在我看过的很多材料中，我还发现一件事，很少有人会问，到底什么样的员工才值得为其加薪呢？换句话说，你走进老板办公室，跟他提出加薪要求时，他脑子里到底是怎么想的？

我决定带着这个问题，去问一些身经百战的 CEO 们，看看他们如何面对员工提出的加薪要求。我首先问了哈维·格鲁伯，他曾担任过美国运通公司的 CEO 和美国国际集团（AIG）的董事长。由于已经退休，因此他顾虑不会太多，比较容易讲真话。

"首先，如果他们提出要加薪，那么肯定是因为他们自己觉得在工作过程中存在着不公平。大多数老板都不会认为（你的薪水）不公平，"他说，"我们来说两种不同的情况。一种是，其他公司抛来橄榄枝，他跑到现任老板办公室说：'你知道，我已经收到了某公司的邀请了，他们开的工资是你们的两倍。你们要考虑给我加薪吗？'这是一种方式，有很多人都在用。"

"另一种是单独找老板谈，我认为这种会更好。'我觉得我现在拿的工资有点儿少，和我的工作付出不相匹配。鉴于我工作的质量，我希望您能考虑一下给我加薪。'"

"听到这些你会气得吹胡子瞪眼吗？"我问。

"不会。我会对他们非常尊重。"

"什么方式会让你觉得比较反感？"

"哦，如果有人进来说，'我刚拿到了某公司的邀请，他们给我双倍工资'，我立马就会做决定……但是我可能会说，'好吧，薪水确实很不错，某公司可能更适合你。'如果有人进来说，'别的公司答应给我的薪水，要比现在的高 25%。'那我可能就会说，'很有意思，这在一定程度上也说明了你的价值。你需要考虑以下几件事情。'但我的反应可能是，我可能马上会失去这名员工，所以我需要赶紧找个接替他职位的人。"

"不过，你的第一反应不会是想着要马上找个替补的人吧？"

"对。我应该在适当的位置有个备份计划。"

"如果现在有人跟你说，'我知道某某的工资是多少，可我们做的工作是一样的，凭什么我拿的比他少'，那么这些话对你来说肯定不怎么管用吧？"我问。

"是的，"他答道，"首先，他可能错了。我不能纠正他，或者试图去纠正他，他不会相信我的。"然后，他略带幽默地说道："我可能不会这样讲，'好吧，某某做的工作比你出色多了（他哈哈大笑）。'

"其实，你可以这样找老板谈，'您也知道，今年我工资的增加幅度相对较低。您能跟我讲讲薪资增加的幅度是怎么确定的吗？会将哪些因素考虑进去？最终的数字是怎么算出来的？'"

家政服务公司 Care.com 的创始人希拉·马塞洛（Sheila Marcelo）说："我最近正在给公司里的某个人（想要涨工资的人）一些建议。我是她的老板，她和我关系很不错，跟我上级的关系也很不错。但她最近绕了好几层关系，间接通过他人找到了我的老板，提出加薪的要求。我的老板就很奇怪地说：'你们又不是不认识，她为什么不直接跟你提，非得绕到我这儿来？'她这么做，会显得我们之间缺乏信任，或者是她自己某种程度上不够自信。因为她想要升职、想要加薪，但那个职位她自己也知道不能很好地胜任。"

"这很矛盾啊！"我很肯定地说。

"是的，要认真思考整个提出加薪的过程，这点非常重要。我们已经制定了加薪方案，每个员工都能看懂，并让他们满怀期待。我们会有定期的工作表现评估，所以在谈论加薪事宜时就不会显得不舒服，"她说，"需要一个方法，而不是一个随机的过程，因为无论什么时候，员工都会觉得自己被不公平地对待了。他们自认为是受到区别对待的。不过，如果你制定了一个客观的流程，就不会让员工有那种感受。"

总之，不论以什么方式要求加薪，如果最终导致了不愉快的事情发生，那么这都是因为你把胜算压在了老板身上。此外，还会给人造成一种你想辞职的感觉（或者老板觉得你要跳槽）。不管怎样，提出加薪都是带有风险的。

所以，无论有多少篇文章建议以何种方式提出加薪最好，但肯定不会有完全满足你的具体需求的。有些人可能有其他退路，而你唯一的杀手锏就是辞职。更常见的是，谈话并不是朝着如你所愿的方向发展，但话说回来，也不会完全是你的老板想要的那样。

Work
Smarts
What CEOs Say
You Need to Know
to Get Ahead

反面教材：这样做，你会被炒鱿鱼——能力超群的人们，注意啦

被炒鱿鱼，对谁来说都是一种令人恐慌的挫折。有时，解雇可以为人们敲醒警钟，从而使其有机会完成不可能完成的事情。本书提到的不少非常成功的人，都曾经被解雇过，而后又从失落中振作起来。

摩根大通集团的首席执行官杰米·戴蒙回忆了他被桑迪·威尔（Sandy Weill）解雇那天的情形。此前，他一直是威尔的得力干将之一，帮助威尔建立起了伟大的公司，也就是我们现在所知的花旗集团。

"其实我没事儿，"杰米回忆道，"但这件事让我沮丧了很久。我告诉别人，这是我的净身价而非自我价值，这些与公司联系在一起。这有点儿不可思议，我突然从每周工作 90 个小时变为没有工作。但我记得，我打算利用那段时间好好规划一下，从中学到一些东西。那时我感觉我再也不会找到一份同样的工作了。当时就是在瞎想。"

然而，我们大多数人都是不愿被解雇的，从被解雇的阴影中走出来很难，下一任老板还可能会因为那次经历而影响对你的看法。那有没有什么方法可以避免让自己被炒鱿鱼呢？

布鲁斯·拉特很好地总结了人们被解雇的主要原因（行骗、偷窃、骚扰等这些问题除外）。

"懒惰是绝对致命的问题，"拉特说道，"我指的是任何形式的懒惰，精神上的懒惰、时间上的懈怠等，这些都不是好词，因为它会产生恶性循环。你了解自己，你可以尝试避免懒惰，否则不久之后人们就会对此议论纷纷。

"我们办公室里有一位女士，她精神上并不懈怠，但她在工作时并不能投入最佳状态。我希望她知道自己并没有利用好每一天。虽然我可以帮她弥补工作上的缺陷，但其他方面我是掌控不了的。我不能一天 24 小时都盯着她，而且我对她那种懒惰的思维也感到无能为力。"

让人吃惊的是，有些能力超群的人也会被人解雇或者令人反感，这是因为他们身上有一个致命的问题——不愿与人分享。

"讽刺之处或矛盾之处在于，一个人越聪明，就越不乐于合作，"WPP广告集团的CEO马丁·索罗说道，"能力一般的人要比能力超群的人合作意识强，后者往往难以相处，并且不乐于合作，所以就会把自己置于困境之中。事实的确如此，一个人越优秀，不愿意与人分享知识、能力、经验的可能性就越大。"

在某种情况下，这个人就会付出被解雇的代价，正如山姆·泽尔所描述的那样。

"我雇用了这位来自大公司的女士，她非常聪明。但9个月后我便解雇了她。我发誓，这位女士此前从没有被解雇过；她的确能力超群。不过，她从原来的公司带来了不符合我们公司文化的东西。她把信息作为货币。公司里最重要的事情是你所面临的敌人来自外界，而非内部。我不允许员工因为政策原因或希望得到回报的原因隐瞒信息，因为这种内部交易会使公司运营不畅。在大公司里，几乎所有的事情进程都很缓慢，因此你有更多的时间和机会发现问题。这种文化会成为一个温床，滋生用钱财来交换信息的行为。在公司文化中，如果有人手中有信息没有和同事分享，那么这就意味着我正在承担未知的风险。"

事实上，大多数被解雇的人早就知道他们要被解雇。很少有人在被解雇的时候还一脸迷茫、不知道原因。因此，你要时刻了解自己的行为是不是公司喜欢的，以便及时调整。

正如杰米所说的："当你爱一个公司的时候，你想为公司做恰当的事情。而当一个人不高兴时，对老板和对公司而言都不是好事。"到那时，他就知道该采取行动了。

你要知道，加薪要求并不仅仅是只由普通员工提出。莎莉·克劳切克——前美国银行私人财富部主管，当上老板的她一面要向她的老板提出加薪要求，一面也收到很多员工给她提出的加薪要求。她打趣地说："我以前用过一个方法，就是把脖子上严重的疹斑露出来，老板看到后就会觉得有愧于我。有时候我开玩笑讲，我只不过是把衣服的领子翻下来了而已。"

"不过，我认为总是要用事实说话，不能意气用事，大多数情况下都很有帮助。我的管理风格就是，我不排斥你发表意见，我也喜欢听你的见解，但你一定要和我说实话。事实是坚不可摧的，我们要以事实为根据，不要以观点见解为依据。"

那么你是怎么做的呢？你用怎样的方式赚更多的钱？

还有一个更重要的问题是，为什么一开始就会觉得自己的工资比应得的要少呢？

好吧，之所以会这么认为，是因为处于职场顶端的人和职场底部的人的收入差距正变得越来越大。据彭博的数据，以纳入标准普尔指数范围的 500 家公司为例，这些公司 CEO 的平均年薪是其普通员工的 204 倍，这个差距比 2009 年增加了 20%。我们再来看看一家具体的公司，彭博数据显示，美国服装品牌 A&F 的 CEO，其工资是连锁店员工的 1 640 倍。差距最大的是下面这个：美国零售公司杰西·潘尼（J.C. Penney）的前 CEO 罗恩·约翰逊（Ron Johnson），其工资是其零售店员工平均工资的 1 795 倍。

我们不是要拿收入差距来说明什么，毕竟这由公司的董事会说了算，是他们为公司高管定的薪资标准，但同时也部分解释了为什么每个公司的办公室里都弥漫着不平等的气氛。有人提出了要涨工资，肯定是因为他感到了不公平。

哈维的话无疑是对的，是否公平在很大程度上是主观感受。每一个办公室里，都有一些在能力和奉献精神上与你差不多的人，总是会在某一方面比你干得更好；也有一些人表现得并不如你，没你花得心血多、流得汗水和泪水多。正如得州石油大亨亨特（H.L.Hunt）所言，其实不能把钱"当作唯一的标准，这种方式有缺陷。因为工资本身就不是一个完美的评判体系"。

当你走进老板办公室提出想要涨工资时，千万不要把金钱上的诉求当作你的理由，你真正的诉求是想得到公司对你的认可。

比要求涨工资更具战略意义的问题

2013 年 5 月，皮尤研究中心（Pew Research Center）发布的研究结果显示，近 40% 的美国家庭，母亲是主要或唯一的经济来源。也就是说，几乎一半的美国家庭里女人是顶梁柱。我就是其中之一。

这听起来既让人欢喜又让人忧愁。喜的是，大多数家庭从此有了双份收入，可以让孩子过上更好的生活；忧的是，研究人员发现，单亲妈妈越来越多，且她们的收入不及美国中等家庭水平。男女不平等藩篱在被打破的同时，差距也被越拉越大。

1960 年，只有 11% 的美国家庭是靠女人养家糊口。半个世纪过后，这一比例已经激增为 40%。试想一下，照这样的速度，再过 20 年，女人成为大多数家庭的顶梁柱也不足为奇了。

不过，这和我们讨论的"涨工资"有关系吗？

我总是从一些 CEO、企业高管、经理人口中听到一句话：女人和男人一样都不知道怎样提出加薪。这不是性别歧视——这几乎就是事实。

我之所以说"几乎"，是因为一些男人在这方面表现得更糟糕。有企业高管私下告诉我，很不幸女性工资较少，是因为她们沉默寡言，不会提出诉求。

苏珊·莱恩（Susan Lyne）经营过限时团购网站Gilt集团（Gilt Groupe）、玛莎斯图尔特生活全媒体公司（Martha Stewart Omnimedia）、ABC 娱乐（ABC Entertainment）等公司。她发现男女在提出加薪这件事上竟有天壤之别。"直到今天，走进我的办公室跟我提出加薪要求、说'我应该涨工资'的女性，不超过 5 个。她们要等到年终考核时，才有可能觉得该轮到自己提出要求了。她们很少会有人做出格的事，也绝不会直截了当地说'嘿，给我涨点儿工资吧'，或者'我需要升职'。男人们则不同，他们不会三思而后行。我只是就事论事，说一些自己的观察。实际上，我更喜欢这样的人——在每年两次的业绩回顾时会说，'嗯，听了您对我的评价，真切地觉得那个工作已经离不开我，且深感责任重大，也看到了我事业前进的方向。'我更青睐这种人，因为听到那番话后，我心里已经做好准备，先部署接下来的工作，等到最后跟他说，我要提拔你。而面对那些表现出'我不开心'的人时，如若你不想失去他，就应该主动想办法让他们能在工作中发挥更大的作用、承担更多的责任。"

莎莉·克劳切克也有类似的经历，但和涨工资关系不大。当她在担任美邦银行 CEO 时，在负责美国银行和花旗集团的财富管理业务时，手上掌管着客户的几十亿美元。她的工作就是把这些资金放在合适的地方，让它们保值升值。

"我简直就是'舞会上最漂亮的女孩'①，几乎每隔一两个星期都有人来找我。关系不错的朋友、不太熟悉的朋友、朋友的朋友，都会找到我叙叙旧、拉拉关系，"她回忆道，"其实我心里也明白他们的目的，基本上都是有求而来，可能是需要一份工作，可能是一家对冲基金的经理想跳槽，也可能是一家私募股权的管理人需要一个平台……你想

---

① "舞会上最漂亮的女孩"（belle of the ball），指受人追捧。

来找我，那就来，就像一场游戏。这都没什么问题，整个职场也不过是场游戏。"

"最近回想起这些事，我才发现，一直都有人在找我帮忙，但你知道他们中有多少是女性吗？"

她用中指和拇指比划了一个"0"。

"一个都没有。将近 10 年啊！为什么她们不来找我？部分原因在于，她们可能觉得我不会答应见面，或者不会帮忙。"

"女性对冲基金经理应该也不少啊！"我说。

"绝对不在少数。设想一下，如果说有哪个女性对冲基金经理能像男人们一样去办公室找人谈事，那也肯定是我。只不过碰巧我是个女人。"

在美国，几乎近一半的上班族都是女性，想到这一点，就会觉得不少机会正在流失。正如塔克商学院教授艾拉·艾德蒙森·贝尔（Ella Edmondson Bell）在她的研究中所发现的，男性和女性关于工作晋升的想法有着根本的不同。她于 2013 年 3 月在哈佛大学举办的一个研讨会上表示，"很多女性认为，工作表现是晋升与否的唯一评判标准。至于人际关系怎么样，她们并不太在意。"她还表示，超过六成的受访女性接受过领导力培训，她们中大部分都"极其聪明"，但"对自己缺乏信心"，而且"在被提拔之前，没有太多耐心去坚持不懈地等待"。

"尽管女性被认为潜力巨大，但由于很多重要的工作不是交给女性来完成的，因此她们身上的闪光点不易被人察觉，"她说，"重要的工作能够体现个人能力、彰显领导力、表现坚韧力，可一改往日给公司拖后腿的形象，从而让女性证明自己。"

前文提到的弗雷德·考夫曼说过，获得更高薪水的唯一途径就是

"要比你的同事为老板创造更多的价值"。不过，有意思的是，为什么一些女性就是没有闯进老板办公室提出要加薪的自信呢？

该冒险的时候要敢于冒险

还记得我在前面讲过的"第一级工资"吗？这是我犯的一个大错，正如我的老板后来在合约签订和封存后说的。到底发生了什么，下面我会详细叙述一下。

当时我刚休完产假，想从报纸转型到电视。最后，刚好有一个不错的机会。尽管我的直觉告诉我，要矜持，不能轻举妄动，但是我也生怕失去这个机会，好像要是得不到它我的事业就会完蛋一样。我还记得，当时夜不能寐，一直在等待着对方的消息。

在最终得到这份工作后，我才忽然意识到薪酬方面的问题——比我之前想象的要低得多，远不及我的心理预期。我立即在脑中算了一笔账，看来"月光"是肯定的了。实际上，我选择这份工作让我有些得不偿失。我有两个孩子要养，每个月几乎都攒不下钱。但我担心会失去这个自认为极好的机会，所以二话没说就接受了这份工作。

几年后，当我要换一份工作时，我的老板跟我一起吃了顿"散伙饭"。她说："你知道吗，贝蒂，有件事我一直想跟你说。在应聘时，永远不要对方开多少工资，你就接受多少。你当时立刻就答应下来，着实让我吃了一惊。你到手的薪水其实本可以更多一些的。"

她说的这番话也没有让我感到意外，我早已意识到自己被"贱卖"了。我知道，我比同事们的工资要低。两年来，我一直在安慰自己，我失去的那部分钱，只是间接损失，是我需要交的学费，以换来我以后在工作中的安全。

这真是一次深刻的教训。但这次教训我也还能负担得起，不是因为我还能靠那点儿工资过活，而是因为我拿的工资在那几年还是比较高的。不管我在工资上犯了什么错误，但后来我都可以弥补回来。我不敢确定需要多长时间，可能要到我 50 岁的时候吧。

我们大多数人的收入增长轨迹都是相似的。当我看到图表时，会惊讶地发现我们的生命是有代表性的、模式化的，我们具有群体性和组织性，但都在相似的轨迹上。就和格伦•哈钦斯的满足理论类似，很少有人在二三十岁的时候犯傻，试着去爬出洞口。我们大多数人是在四五十岁的时候，达到自己事业的顶峰。

格伦这个登山的比喻，让我想到了几乎每逢周末我都会去骑行的自行车道。那儿叫南山保护区，离我家不远。为了给骑行和慢跑爱好者创造一个好的环境，每个星期天警察都会在那儿实行交通管制，不让机动车通行。起初，我几乎都不能骑上山坡，那儿有一个又长又陡的山道，但几周后，我骑上去就不那么费劲了。我最喜欢的环节，就是从高处滑向低处，就像一个 10 岁小孩儿那般开心。有一次，我认真地观察路上的其他人。他们都和我一样，修长的腿使劲蹬着自行车，从我身边飞驰而过，是那般光彩照人。有父母带着蹒跚学步的小孩在那儿漫步。还有一个穿绿上衣黑短裤的小伙子边走路边踢足球，是那样的专注。即使身旁有个裸体美女，估计他也不会注意到。胖的瘦的，老的少的，男的女的，不管是谁，都在骑车，都在慢跑，都在挑战着自己。虽然大家都在各自的路上前行，但都是通往一个方向。在听了格伦的一席话后，我开始把它称为"生命之路"。有时候，我的两个儿子会和我一起来骑车，这个比喻会让我体会更深刻。我们都认为骑向山岭，要付出更多的努力，达到目的地后我们还要原路返回。但只要有一次你到达了顶峰，你就知道，回去的路会很简单，也很快乐。

乔治城大学教育与就业研究中心发现，不管一个人学历有多高、有什么样的教育背景，40 到 44 岁期间获得的收入是一生中最高的。

当然，教育水平的高低势必会影响收入的多少。打个比方，假如你高中就辍学，那么你四十几岁时拿到的工资只会比你刚开始参加工作时拿到的多 19%；假如你获得了专业学位，这期间收入的增加比率会达到 100%。

基于此，我们可以发现两点：第一，教育背景很重要；第二，二三十岁的时候值得冒冒风险，因为那个阶段的你就算失败了也没什么大不了，而到了五六十岁再冒险，就有点儿划不来了，一旦失败了就很难再追赶上同辈们。

我看到这份研究结果后，有一点点失落。作为一个女人，我不仅要面对生理上的生物周期，我还要面对经济上的赚钱周期。我曾经认为最理想的方式是，不管你多大年纪，都有取得成功的潜力，都有赚钱的机会。美国梦是永恒的，是不会过期的。

从某种程度上说，的确如此。当我开始回想时才意识到，我在年轻的时候就已经让自己的工资有很大的提升，并不是因为我赚了多少钱，而是因为当年薪到达一定额度后（比如 25 000 美元），想让它翻倍就比较容易。处于山脚的时候，想的是能尽快到达山顶。你最后发现，和 25 000 美元比起来，在有了更可观的薪水后，涨幅 10% 的意义就大不一样了。

所以，我认为当人们犹豫着是否要提出加薪时，一定要记住，如果在最能冒险的时候抓不住机会，那么以后的机会也会比较渺茫。不要想着自己的工资一定要比办公室里其他同事的高，重要的是你的工资在增加，你会赚得越来越多。我深知，我在"委屈"了自己的薪水，选择从事电视这行时就有这种想法。我知道，这会对我之后的整体价值有所影响。不用问那个老生常谈的问题了："我该怎样提出加薪要求呢？"一个更大、更有战略性意义的问题应该是："我在职业生涯中如何能赚到最多？"

然后，你就开始着手去做。

前面我提到过，在提出加薪要求时，只需要考虑几个基本问题即可。在准备敲老板的办公室门之前，看看下面 4 个提示，或许会对你有所帮助。

1. 与个人无关，与生意有关。

电影《教父》（*The Godfather*）中讲的是对的：尽可能不要让自己感情用事，这带来的好处比你想象的要多。这会让你看起来比较有说服力，有条不紊。有时候，它还能让你去思考，你在为某个人辩护（下一章会详述）。但是，如果你的确有情绪上的冲动，也不要为难自己。你希望尽可能地基于事实来判断，排除一切不安全和畏惧的因素。

2. 你赚钱，我也要赚钱。

提出加薪是基于你对公司的价值。但是，想想你对身边的人有多大的价值呢？你让自己变得越有价值，你的收入就越有可能增加。我不只是在讲办公室里的事，还有你的同事和朋友关系网。你对他们越有价值，你自身的价值就会越大。这就是价值的光环效应①。

讨喜媒体公司的 CEO 戴维·柯本告诉我，他女儿同学的父亲要出书，他就帮忙出了点儿主意。"我花了一点时间，帮他好好地谋划了一下如何去宣传新书。然后他说，'我欠你一个大人情啊！我该如何报答你才好？'我就说举手之劳，没什么的。"柯本说。不久之后，有一家公司主动找到讨喜媒体谈合作，他后来才知道，正是女儿那位同学的父亲推荐的。这样的例子比比皆是。

3. 等待时机。

我不喜欢"放弃"这个词。放弃现在的工作，就像退出了一场正

---

① 光环效应（Halo Effect）又称"晕轮效应""成见效应"，指在人际知觉中所形成的以点概面或以偏概全的主观印象，最早由美国心理学家爱德华·桑戴克于 20 世纪 20 年代提出。

在进行的比赛。如果有什么更好的地方向你抛出了橄榄枝，一定要慎重考虑。有些人离开是因为不满于自己的工作现状，有些人是因为错失了升职的机会。每天都有各种人来敲老板办公室的门，包括不被重用的人、与要职失之交臂的人以及想要另谋高就的人。当杰克·韦尔奇把通用电气的 CEO 位子交给杰夫·伊梅尔特时，吉姆·麦克纳尼（Jim McNerney）和罗伯特·纳德里（Robert Nardelli）选择了离开，去其他地方做CEO（前者去了 3M 和波音公司，后者加盟了家得宝）。

众所周知，当年杰米·戴蒙和桑迪·威尔闹翻后，花旗集团炒了他的鱿鱼，有报道说是因为他野心太大。几年后的金融危机中，杰米·戴蒙领导下的摩根大通独领风骚完胜其他投行，而花旗集团却因坏账问题而濒临崩溃。

史蒂夫·乔布斯在 30 岁时曾被苹果公司解聘过。他在斯坦福大学毕业典礼上的那段经典演讲中说，那段经历是他人生中最宝贵的财富之一。

"事业成功时的重担放下了，取而代之的是重回起跑线的轻盈，对一切未知的不确定感。它把我解放了，让我走进了生命当中最富创造力的阶段，"他对毕业生说，"毫无疑问，如果没有当初苹果公司解雇我的那次经历，也就不会有今天的我。我想，这也正是良药苦口利于病吧！"

要记住的是，辞职离开老东家时不要"过河拆桥"，该保持的关系还是要继续保持。即便是你再讨厌之前的公司，在那儿干得再不顺心，离开的时候也总得留下个好印象，是不是？

诺兰·布什内尔：史蒂夫·乔布斯
在 Paying Well 的第一任老板

1974 年，雅达利游戏公司的诺兰·布什内尔（Nolan Bushnell）雇用了史蒂夫·乔布斯，有幸成了他的第一任也是唯一一任老板。后来，诺兰也做了些其他生意，但不全是和技术有关。他创办的查课芝士（Chuck E. Cheese）比萨电子游戏主题餐厅，曾在每个下雨的星期天带给上百万个孩子和父母无尽欢乐。（在他转做其他行业后，这家公司最终破产倒闭了。）

诺兰写了本关于企业文化的书，《如何找到下一个乔布斯》。在一些总喜欢过分解读、夸大其词的人看来，诺兰在员工激励方面应该做得不是很出色。但在书中，他在谈到奖金时写道："如果你感觉像是在榨干某人的最后一滴血，那员工就不会对你忠诚。如果有其他人向我的员工伸来橄榄枝，而且工资开得比我高，其实这是我的错，说明我没有很好地考量他的市场价值。"

"我试图让员工把奖金也看成股权激励计划的一部分。这很有意思，任何人为公司赚钱，其实也是在通过股票期权为自己赚钱。如果他们从来没有为公司赚钱，那他们自己的身价也不会太高。我的做法是，奖金那部分钱从来不拿到桌面上说，大家也都相互不知道别人拿了多少。我不想让他们有一种自己拿到的工资到底是高还是低的感觉。我想让他们知道的是，自己赚的钱比周围的朋友们多就行了。我总是和员工们说，无论你是谁，只要你觉得在其他公司能够得到更多的薪水，那么请告诉我，给我一个为你加薪的机会。"

4. 给自己一张支票。

人们总是盯着眼前，在意下一次自己的工资能涨多少。为什么就不能把目光放长远些，想想自己这一生总共能赚多少钱呢？为了今后能拿到更多的薪水，从现在起我能做些什么基础性的工作？根据乔治城大学的研究结果，高中学历的人一生能赚 130 万美元，本科学历的人可以赚 230 万美元。你想不想超越这个目标？有没有什么办法能让我们在有限的生命里赚到更多的钱？

我以前读到过一篇故事，总会在脑中回想。杰克·坎菲尔德（Jack Canfield）是《心灵鸡汤》（*Chicken Soup for the Soul*）丛书的作者，凭借着这套书，他不仅成了超级富豪，同时也是图书销售吉尼斯世界纪录的保持者，一度有 7 本书同时登上《纽约时报》新书畅销榜。他写的书可能过于感情化，充满卿卿我我的调子，但他的成功是不争的事实。在各种采访中，杰克多次提到，好多次当他想要放弃写书的念头时，都是有人在关键时刻给了他支持。不到一年的时间，他就从出版社那里拿到了第一张 100 万美元的支票。还有一件事是杰克反复在讲的，他曾为自己写了一张支票，后来才下定决心开始写书。他当时真这样做了，像模像样地给自己写了一张 10 万美元的支票。到年底的时候，他不知道自己实际上已经赚了差不多 10 万美元，这还不算工资收入的 8 000 美元。

像变魔术一样？还真不是。他的这种方法，类似于一家公司的 CEO 说一年内计划要让公司赚多少钱。这是一个看得见摸得着的目标，然后朝着这个目标行动起来。对一些努力想增加业绩的公司来说，这个方法很有效，对个人当然也会很管用。有时候其实很简单，就在纸上写下你心理的期望值，每天都看几眼这些数字，就足以让自己更专注。

Work
Smarts
What CEOs Say
You Need to Know
to Get Ahead

第 5 章
谈判的艺术

人的一生当中，要经历各种各样的谈判。工作中的谈判可以让我们获得一个更好的岗位，更出色地完成任务；工作以外也有谈判，如买车买房时的讨价还价；为人父母后，和孩子、和保姆也是在不断地沟通协商。不会谈判的人生，是不完美的人生。

我没有和亿万富翁谈判过，但是山姆·泽尔却经常会。于是，我向他请教了一些谈判的方法。

"做生意时，谈判最核心的就是要真正了解对方的需求。"山姆说，"如果你能把对方的需求按轻重缓急排好顺序，你就能更好地与其沟通，做成生意的概率就会更大。显然，另一方面就是你必须清楚对方的这些需求你有多少能真正满足。如果我尽力了，但我意识到我不能真正满足谈判对方的需求时，我就会很快结束这场谈判。因为没有必要再谈下去了，这不是一个耐力测试。"

"我在洲际银行（Continental Bank）的时候，有一位银行家在办公桌角摆放了一个橙色的标记，上面写的是'该拒绝时就拒绝'（Fastest NO in the West）。我很喜欢这句话。我们在工作中都在努力践行那句话——该拒绝时就拒绝。有一次，我去找卡尔·伊坎（Carl Icahn）[1]谈生意，想收购他的轨道车业务。从他的办公室出来后，

---

[1] 这位 72 岁高龄的老人，频频出现在新闻头条。最新的数据显示，他的净资产已经达到了 140 亿美元，居世界富翁排名第 46 位。

我跟同行的人讲，他明天就会打电话变卦。果然如此。其实我也知道，卡尔·伊坎并不是很满意我提出的收购条件。虽然他口头上说要做这桩买卖，但其实他心里也清楚，揽不下这个活儿，所以最后他选择了放弃。"

吉米·李（Jimmy Lee）——如日中天的华尔街交易撮合商，对上述观点也表示赞同。"有时，最好的建议就是转身离开，别去做这桩交易。"他说，"还有些时候，你要尽量站在谈判双方的角度看问题。当康卡斯特（美国最大的广播和有线公司）从通用电气手中收购 NBC 时，我与布莱恩·罗伯茨（Brian Roberts，康卡斯特 CEO）和杰夫·伊梅尔特就是这么做的。我知道这是笔双赢的买卖，事实证明确实如此。"

美国前国务卿科林·鲍威尔和国家元首们谈判颇有经验，他在新书《我赢定了》（It worked for Me）中写道，受命指挥海湾战争时，他给俄罗斯来了个下马威。他也讲道，他从一群律师身上学会了一些谈判的技巧：

1978 年的美国还是卡特总统当政，我作为时任国防部长哈罗德·布朗（Harold Brown）的助理，有一次当了调解人，主要是调停一些由不明朗问题引起的争端。布朗部长的会议室站满了人，我坐在会议桌的中间，两名律师正在那里慷慨陈词。虽然他们很快就分析完了问题的利弊得失，但争辩还在继续。其中一位律师在刚开始时进行人身攻击，后来越发地带劲儿，搞得自己都深陷其中不能自拔。我后来实在忍无可忍，便结束了这场争论。最后我决定支持另一位律师，因为他陈述的理由更加充分。

那位占下风的律师当时快要崩溃了，恨不得把会议室里的每一个人都当成敌人。我支持的那位律师对他说："当你失势时，不要把个人情绪带到工作中来，否则工作失利，个人也会感到失落。"简单地讲，工作上的失败，并不是你个人自尊的失败。

我喜欢这个话题，因为我觉得很多人——尤其是女人，认为谈判是一个大男子主义的、企业生活中具有挑衅意味的传统，在一些好莱坞电影和畅销书里被夸大了，比如《门口的野蛮人》(Barbarians at the Gate)[①]。对一些人，尤其是那些在华尔街打拼的人来说，谈判的确如此。但是对于大多数像你我这样的人来说，谈判就是简单地说出我们共同的需求是什么，以及如何达成共识。了解谈判是如何进行的，会对你的事业大有帮助。

我从一些最优秀的谈判者身上学到了一点儿经验，可以总结为以下三个基本原则：

1. 了解对方需求；
2. 学会认真倾听；
3. 不要意气用事。

这几个原则同样也是一名优秀销售人员的基本素养。

小型投行 CEO、前美林证券债券销售之星吉姆·雷诺兹认为，即便学会倾听不是谈判者应该掌握的最重要的技能，那也应该是极其重要的。

"我想说，90% 的人都不懂得倾听的艺术，他们从来不知道倾听是多么重要的一件事，尤其是在生意场上。"吉姆说，"20 世纪 80 年代初，我在 IBM 得到了第一份工作。在正式上岗之前，IBM 对我们进行了 9 个月的培训，内容主要是学习技术。如果你被安排到营销部门，那就需要学习销售技巧。他们教了两个销售的小诀窍，一个是如何问问题，一个是如何倾听。作为一名销售人员，如果你能很好地给

---

① 布赖恩·伯勒（Bryan Buffough）的《门口的野蛮人》被评为"20 本最具影响力的商业书籍"之一。该书用纪实性的报道讲述了 RJR 纳贝斯克公司收购的前因后果，再现了华尔街历史上最著名的公司争夺战，全面展示了企业管理者如何取得和掌握公司的控股权。"门口的野蛮人"也被华尔街人用来形容那些不怀好意的收购者。同名改编电影于 1993 年上映，又名《登龙游术》。

客户提出问题，又能很好地倾听顾客的回应，你就会对整个情况了如指掌，卖出一件商品就不是什么难事。培训里有很多角色扮演的练习，比如，你演销售人员，同事演一个根本就不打算买电脑的顾客，拍一下他的肩膀，然后开始打试销电话。你的态度一定要非常认真，与对方积极沟通。你要问对方的问题是，'顾客先生，如果改用电脑自动化生产，只需 2 个人操作，而不再需要 12 个人，多出来的人您会怎么办？'或者是，'顾客先生，如果您只用 1 个小时做完这个工作，而不再是需要 12 个小时，您的生产效率会提高多少？'你要问开放式的问题，绝不能问答案只是'是'和'否'的问题，然后等待对方回答。这样做的效果是，如果问了这些问题，我就会知道客户心里是怎么想的；如果你把问题都问完了，那么下一步需要做的就是把他们刚才跟你讲的认为很重要的点，再复述给他们。"

我不得不说，吉姆在跟我讲 IBM 的培训经历时，简直就是一副自大妄为的嘴脸（开玩笑），就和你在电视剧《办公室》（*The Office*）里看到的那种招人讨厌的销售人员和穿着格子衬衫到处游荡的二手车贩子一模一样。

"有效的营销并不是只靠口头上说'我能做这、我能做那、我能让你的生意更有起色'，这样做的人不可能成为顶级销售人员。最好的销售者，应该是那种能提出引导性问题，能够倾听的人。我在 20 多岁时学会了这些，直到现在我也会把这些教给我手下的银行家。有 20 年以上工作经验的老将，我手里超过 15 人。我教给他们最重要的东西就是，学会在需要的时候保持沉默。你应该从专注开始练起，不管是对一个人还是一群人，要看看有多少人在真正地倾听。不管是谁，只要他做到了认真倾听，就能提升有效沟通的艺术，就能表现得更好。"

吉姆既是个左右逢源的交易商，生意遍及美国，还是个在芝加哥很受欢迎的人物，他也是奥巴马总统初入政坛时的得力干将之一。此外，他还是一位纯粹的企业家，一刻都没有停歇过。我们的交谈不是在聚会上，就是在体育游戏里、飞机上，或者是在介绍新人，联络关系的会议上。

Work
Smarts
What CEOs Say
You Need to Know
to Get Ahead

埃隆·马斯克：我喜欢听负面反馈

正如你所知道的，埃隆是一位不同寻常的 CEO，是一位令人敬仰的企业家。当我们聊到倾听的话题时，埃隆说他总是喜欢听批评的声音，即便是别人把他的公司骂得狗血淋头也得听。

埃隆说，听负面反馈是一件必不可少的事情。

埃隆：我觉得倾听负面反馈非常重要，而且要认真地听，我们不能刻意忽视这种声音。忠言逆耳利于行，我们可以根据负面反馈及时调整自己的行为。我坚信，获得负面反馈极其重要，特别是从那些你很在意的人那里获得。说老实话，我还不是特别会获取负面反馈。

我：直面别人的批评，有些人也许会认为自己的内心太脆弱而承受不起。

埃隆：但我的建议是相反的，你就应该去直面，应该去寻找负面的反馈和评价。积极正面的反馈你经常能听得到，特别是从朋友那里会听到很多。他们乐于给你表扬称赞，但如果你某些方面确实做得不好时，他们往往很难告诉你，因为他们不想让你不高兴。

我：你都是如何得到那些负面反馈的？

埃隆：我会问得很详细，到底哪里做错了。如果我问了他们很多次，那之后就不用再问了，因为他们会开始主动告诉我问题所在。就拿 Model S 这款车来说，我并不想知道这车到底哪里好，我就是想知道哪里有问题。

我：没有人喜欢听不好的话吧。

埃隆：确实。但总得有人"甘愿受罚"。

在美国的另一边，亚特兰大的卢·迪基（Lew Dickey）认为，倾听是生意成败的关键所在。卢是美国第二大无线电广播公司 Cumulus 的老板，著名广播节目主持人拉什·林堡（Rush Limbaugh）就在他的公司。

"很多人都会犯这样一个错误——当别人在讲话时，自己一心想让对方快点儿结束，然后好把自己想说的讲出来，"他说，"有时候，人们总是太在意表达自己的观点，而没有听别人在说些什么。我的建议是，别急着把你的话说出来，先听听别人是怎么讲的，因为别人的话常常会对你有所启发。如果你听了，就会知道接下来如何把东西卖给他。如果听得很仔细，你就会知道如何更好地和对方谈判。"

他同时强调，要尽可能做好充分的准备，经过仔细研究后才能知道，交易中对方真正的需求是什么。

维珍集团的创始人理查德·布兰森（Richard Branson）在 2012 年 9 月发表的一篇博客中，谈到了"优秀谈判者的几条法则"，他写道：

伟大的冲突调解专家、和平使者罗杰·费希尔（Roger Fisher）上个月去世了，享年 90 岁。《经济学人》杂志在讲他的谈判原则时写道："不管是在什么谈判场合，就算是和恐怖分子谈判，以下这几点都是很重要的。帮别人解决问题；注重双方的潜在共同利益，不能寸步不让地死守阵地；在下结论之前，探寻各种有可能的选择。不管是握手还是一起吃饭，谈判双方都应试图达成共识、关切彼此。双方都应是'积极的聆听者'，倾听对方的讲话。他们应该认识到对方的情感，心怀渴求安全和达成共识的心态。此外，还要试图走进对方的心里。"

理查德·布兰森把这段话总结成了下面的这三个原则，我在前文中已经罗列过。

1. 了解对方需求；

2. 学会认真倾听；

3. 不要意气用事。

第一条原则其实就是在讲，要弄清楚对方真正需要的是什么，然后在自己可承受的能力范围内满足对方的需求。培训大师史蒂芬·柯维（Stephen Covey）在他的著作《高效能人的七个习惯》（*The 7 Habits of Highly Effective People*）中说，20 多年前在企业文化中非常流行的赢者通吃（winner-takes-all）理论，直到今天仍受到很多人的推崇。史蒂芬在书中指出，既不是一方输，也不是一方赢，只有双方取得了共赢，才是最成功的谈判。他写道：

因为共赢原则带来的好处能让人切身体会到，可以让大多数人感觉自己得到的比与他人共同得到的要多。但在一小部分人心里，非赢即输的观念还是根深蒂固的，双赢并不是他们期望的。所以你要记住：谈不拢，往往也是一种选择。

这又让我想到了山姆·泽尔说的，该拒绝时就拒绝。

成为好的倾听者

倾听是我工作的一部分。毫不夸张地讲，一直以来我都是一个很好的倾听者，这对让我成为一名好记者也很有帮助。当我还是平面媒体记者的时候，经常会遇到这种情况，一个嘉宾被好几个记者采访，往往要让我多等一会儿。嘉宾经常表扬我说，你真是个好的倾听者。

很多时候，采访嘉宾说的大部分内容都是没有用的，但我要一直等待他说出一些带闪光点的话或者是有启发性的内容。或者在另一些情况下，尤其是当有人想把自己的故事和观点一吐为快时，我会在那儿静静地聆听。你知道这时候最高兴的人是谁吗？不是我，而是那个对我滔滔不绝的人，因为有人在听他说话。倾听也能与人建立良好的关系。

倾听对我的工作非常重要。当嘉宾到演播室录节目时，我们有 5 分钟时间来探讨一个话题，我必须认真地听他们的回答。最有趣的回答往往并不是在简单的你一问我一答中出现的，你要根据对方的回答继续深挖。

曾经有人问我，你既要认真听嘉宾说话，又要注意耳机里导播与你的沟通，你是怎么做到的？下面就是一次直播节目中的实例。

我：非常高兴 × 能来到演播室做客，欢迎你参加我们的节目。

嘉宾：谢谢！

我：你曾经说过，总统应该给企业一些税收优惠，这样能促进美国经济的发展。你为什么会这么说？

嘉宾：是这样的，总统非常了解……

导播在耳机里说：5 分钟（进广告）。

我：可是以前也这样实施过，并没有起作用……

嘉宾：其实不然，它客观上还是增加了就业人数，如果你回过头来看……

导播在耳机里说：你看一下文稿系统里的流程安排。

我：（边查看文稿系统，边听嘉宾说话。）

导播在耳机里说：你觉得这样安排可以吗？同意点头，不同意摇头。

嘉宾：估计你也听说了，有两家公司表示如果得到税收减免优惠，他们就能创造两千个工作岗位。

我：（我心想：什么？）两家公司？哪两家啊？

导播在耳机里说：1 分钟（进广告）。

嘉宾：我不能说，但这两个公司的名字你应该立马就能猜到……

导播在耳机里说：30 秒（进广告）。

嘉宾继续说话。

导播在耳机里说：快打断他，只有 15 秒就要进广告了。

我：好的，非常感谢 × 今天能来到演播室做客。各位观众别走开，下一节我们将要讨论……

导播在耳机里说：3，2，1……

成为一个好的倾听者就能成为一个更好的谈判者吗？如果不把其他因素（比如了解对方需求等）考虑进来，我想未必。要成为一个好的谈判者，还有很多功课要做。

其中一些功课与上一章讲的如何提出加薪有一定关联。在去老板办公室之前，你得做足功课，你要知道老板给你加薪的底线在哪儿。你应该对所在的部门和公司了如指掌，这会影响到老板给你的答复。对一个谈判者来说，知己知彼同样很重要。

有一个球赛圈的例子能很好地说明倾听的重要性。这里说的球赛指的不是别的，是超级碗橄榄球赛。前文提到的吉姆总是会乐此不疲地出现在各种活动中。有一年的 2 月，他邀请我南下去新奥尔良观看球赛。何其壮观在新奥尔良法语区会所里举办的大型派对，你可以想象那个场景若不是这个机会，我不可能去那么高档的会所，而且我也绝对想象不到，在那儿居然能学到一堂商业课。

到那儿的第一晚，我和吉姆还有他手下的那帮 CEO 和前任 CEO 以及前球手，一起来到新奥尔良法语区会所的后厅。圆桌的正中间坐的是嘻哈音乐艺人 Jay Z[①]，他看起来很沉稳，也很热情。还有一个音

---

① Jay Z，本名肖恩·科里·卡特（Shawn Corey Carter），美国嘻哈音乐艺术家、企业家。MTV 在其"有史以来最佳 MC"名录中以"一号"为他命名。Jay Z 在 2008 年 4 月 4 日与碧昂丝结婚。

乐艺人提姆巴兰（Timbaland）也在场。我们差不多有 20 个人。在这样的场合，我并没有感到不自在。大家的谈话开始慢慢地变得热闹起来，声音越来越大。前名人堂队（Hall of Famers）的球员在谈论，四分卫科林·卡佩尼克（Colin Kaepernick）第二天是否能够真的在旧金山 49 人队（San Francisco 49ers）中表现出色、为什么防守比进攻更重要（由此可见饭桌上还有中后卫球员）。我们那晚还喝了由 Jay Z 代言的 D'Usse 干邑白兰地，还吃了洛克菲勒焗牡蛎。我观察发现，包间里的这些人中，那晚的主人翁 Jay Z 是最安静的人之一。他神情十分专注，无论是谁讲话他都会仔细聆听，并有说有笑、及时回应。

后来，我和吉姆聊起那晚的经历时，我们一致认为 Jay Z 具备了一个好的倾听者的所有条件。

"你来的前一晚我也和他待在一起。他表现得也一样，就是坐在那里静静地听别人说话，"他说，"他这种表现，让我联想起了他所做的一切、他经营的生意。他所做绝大部分的事情都是收购公司、创建品牌、做运动员经纪业务，能把这些事情都做成功，倾听的力量至关重要。"

几个月之后，杰伊的品牌效应越来越大，他开了一家体育代理公司 Roc Nation Sports。纽约扬基棒球队（New York Yankees）的二垒手罗宾逊·卡诺（Robinson Cano）是他的第一个大客户。他之前还创办了很多品牌，其中包括潮流品牌洛卡薇尔（Rocawear）。他还和韩国三星公司合作发行新专辑 *Magna Carta*，一经推出就高居排行榜前列。

在一期《男士健康》（*Men's Health*）杂志中，著名乐评人安东尼·迪科蒂斯（Anthony DeCurtis）对他进行了专访。Jay Z 说："我对知识有一种渴求，我每天都要学习，每天都要变得更聪明，这就是活在世上的意义。你看看那些闪闪发光的人物，甘地、马丁·路德·金、拳王阿里，都是我们的榜样。要让变得更聪明成为一种习惯，要越来越聪明……这些都是你在生命中应该做的事情。然后你就会感到，'你我都没有虚度此生'。"

全力以赴，争取你能得到的

男人比女人更会谈判？

我在为写这章做准备时，就这个问题请教了不少人。大多数人一提到谈判，首先想到的是这是男人们的事，尤其是交易员、销售人员的事。我曾经问过卢·迪基之前有没有和女人唇枪舌剑地谈判过。当他意识到自己好像从来都没有和女人谈判过时，显得很惊讶。

哈佛大学商学院 2006 年发布的一份报告给出了部分答案。在报告里，研究人员讲述了一家小型投资组合管理公司的部门经理莫林·帕克（Maureen Park）的经历。她在员工面前威信不高，手下的分析师中有两个是女性，她们对自己的工资很不满，因为她们的工资比男同事的明显低很多。女性工作得很辛苦，但收入却少得可怜。

于是，莫林跑到公司老板那儿，要力争为手下的两名女分析师讨个公道。让她意外的是，那两名分析师最后真的都被上调了工资。

研究人员在报告中写道：

回想起她的那次胜利谈判，莫林感觉到有一点点讽刺，因为到了明年，她的 7 个下属中将会有 3 个人的工资比她自己的高。她不得不接受只有生活补贴金小幅微调的现实。如果涨工资这么容易，那么为什么她不去为自己争取呢？为他人争取利益而谈判和为自己谈判，会因性别的关系有不同的结果吗？

研究结果表明确实有影响，但也并不全是你想的那样。

研究最后发现，在某一个具体的框架下，男人和女人的谈判能力是不分伯仲的。比如在一个公司内部，如果一群 MBA 学生清楚地知道公司的起薪、薪酬范围，那他们在谈判中就更易获得接近于起薪的工资。上述研究员还发现，如果 MBA 学生在不知道具体起薪的情况下去谈判，男人最后谈妥的薪酬水平要比女人高出 1 万美元。"并不是因为竞争的压力让女性在谈判中失利，而是因为男性更易表现出竞争的状态。"他们写道。

换句话说，如果这是一场"人人为己"的竞赛——争取一切你能得到的，那么男性就会抓住机会，全力以赴。

难道这就能说明男性是更好的谈判者吗？其实不然，从莫林·帕克的案例我们就能看出一二。

哈佛大学的研究员还和卡耐基梅隆大学的琳达·巴布科克（Linda Babcock）一起，就薪资谈判问题访问了很多公司的管理层，结果发现，为他人争取涨薪和为自己争取涨薪而谈判的人各占一半。

研究显示，当女性在为别人加薪而谈判时，最终的薪酬会比之前的高 18%。男性不管是在为自己涨薪而谈判还是在为别人而谈，其最终的薪资水平结果都是差不多的，涨幅也是 18%。

"由此可以看出，当自己肩负一种责任或代表某人利益时，女管理者会特别有干劲，"研究员总结道，"和男性在大多数的情况下表现突出一样，竞争环境下，当利益和好处是他人的而非自己的时候，女性是个很好的模范谈判者。"

让人难以置信的是，在我做调研的时候，刚好发布了一份彭博数据报告。报告显示，在企业高级管理层，女性的平均薪水要比同级别的男性低 18%。18 这个数字还真是有意思。背后肯定也有什么原因，让女性在为自己涨薪谈判时处于失利地位。我曾问那份报告的作者卡罗尔·海默威茨（Carol Hymowitz）为什么会这样。她说这是因为女性在年轻时没能为自己争取到更高的工资。男女之间的差距从那时起就已经出现了，当他们坐到企业高管甚至是 CEO 的位子时，差距同样也是存在的。

"我认为，一般来讲，女性没有男性更会表现自己，在电视荧幕上也没有男性健谈，"Care.com 的 CEO 希拉·马塞洛说，"当女性在为自己争取权益时，我非常鼓励她们用的一种方法就是角色建模，以此来给予积极肯定。我可能或者不太可能给她们以肯定，但是我会说'我想告诉你，我很欣赏你这种为自己争取权益的行为'。我会不断地给予肯定，这样她们才能继续下去。"

"那么你呢？"我问，"你会不会觉得有时候当一名女 CEO 挺难的？"

"通常情况下我没有这样的感受，但在面对一些供应商的时候会有，因为我看起来很年轻。供应商来的时候，并不会觉得我是那个拍板做决定的人。尤其是我还没当上 CEO 时，这种情况更多，因为有时候我看起来更小。"

"他们会不会一走进来看到你，然后问，老板在哪儿呢？"我问。

"是的，他们不知道我就是老板。然后，你开始在对话中与他平起平坐，他们才慢慢地、惊讶地意识到，原来她真的是拍板的人。这种情况很常见，对我来说，应对的最好办法就是专注于谈话内容，习惯它。"

所有的这些，让我回想起罗杰·费希尔说的一句话，"帮他人排忧解难，是极其重要的"，这也是女性要注意的首要问题。对我们来说，为人排忧解难是很难的，尤其是在为我们自身解决问题时。这似乎也解释了，为什么我们大多数人在为自己涨薪时，并不能好好地争取，并不能如愿以偿。

那么，对于女性来说，或许上面那句引言更为重要。那么，如何才能让我们抑制住自己的感情，从而不去阻碍一个交易的达成呢？

Work
Smarts

02

3F:
恐惧、金钱、心流

What CEOs Say

You Need to Know

to Get Ahead

Work
Smarts
What CEOs Say
You Need to Know
to Get Ahead

- 如果你是个令人讨厌的穷光蛋，那么在变得富有后，也只会是个令人讨厌的有钱人；如果你是个快乐的穷光蛋，那就会变成一个快乐的有钱人。
- 对钱财的向往，有时候并不是为了钱本身，真正作祟的是权力、控制欲、自由，还有内心的骄傲。
- 首先要专注的是你的事业和你自己，你能为自己增加哪些价值，那么赚钱就是顺其自然的事情了。要积极主动地赚钱，而不是消极被动地守财。
- 一个人拥有的让人享受的时刻越多，就越幸福。这些感到幸福的人通常是积极向上的。

Work
Smarts
What CEOs Say
You Need to Know
to Get Ahead

第 6 章
恐惧

熟悉我的人都知道，我不喜欢坐飞机。显然，和我一样的人不在少数，据波音公司1980年的一份报告（关于恐飞症的调查确实很少），大约三分之一的美国人都不爱坐飞机。

当然，这不是为我的胆小找借口。虽然我在飞机上从来没有过濒临死亡的经历（上天保佑），不过，最糟糕的一次经历至今说起来都有些后怕。那是在1983年，我们全家本打算要坐的大韩航空航班被苏联导弹击毁了。

那架波音747飞机从纽约飞往首尔，在途中误入了苏联领空禁区。万幸的是，我父母在几个星期前就改变了行程，最终没有坐上那次航班。

每次飞机起飞时，我都会仔细观察空乘人员。如果他们看起来很平静，那么我也会镇定一些。当然，他们总是那么沉着。有一次，我搭一架小型飞机从纽约到费城，就是那种过道左边单人座位右边双人座位的飞机。机舱内的空间十分狭小，坐在折叠椅上的空乘人员几乎快挨到我们的膝盖了。在起飞之前，他伸出右脚紧贴着机舱内壁，用手反复拉舱门，最后总算生拉硬拽地关上了。你可以想象，就像把一个已经塞满的手提箱硬塞进一个小格子一样。然后，那位空乘开始用手弄平舱门周围的一圈胶带，这么做显然是为了堵塞缝隙。看到这样的飞机舱门，我心里不由得发颤。我看到坐在我旁边的乘客——一名年轻的印度男子，眼睛瞪得大大的，张开的嘴巴似乎在说"啊"。不过，在整个飞行过程中，空乘人员都显得平静且安心，好像对这种不太严实的机舱门已经习以为常了，至少那晚是的。航班最终安全准点抵达了。

我对坐飞机的恐惧，让我也对其他恐惧有了更深的研究和认识。恐惧，人人皆有，它是人体大脑中下丘脑内的一种化学反应。出于某些原因，在面对恐惧时，大脑都会让我们做出一些相同的表现。比如看到一只蜘蛛时，人们的表情大多是瞪大双眼，嘴巴不由自主地张开。英国生物学家达尔文和其他一些进化科学家曾试图找出人们有这种表现的原因。有些人猜测，瞪大眼睛可以让我们看得更清楚，张大嘴巴可以让我们深呼吸，以此给身体提供更多的能量。还有一些人认为，这是一种警示的表情：比如你看到某人的脸感到害怕，那么你也会做出相应的表情来令对方害怕。

我们很难去统计让每个人害怕的东西。有一项广为流传的研究结果曾出现在 1977 年版的《世界排行榜》（ *The Book of Lists* ）中，它表明人类害怕的头号事情是公众演讲，而死亡只排在第七位。这让我想到了杰瑞·宋飞（Jerry Seinfeld）那个著名的笑话（他的数字可能有些不准确）。"大多数研究表明，人们最害怕的事情是公众演讲，第二怕的是死亡。死亡只排第二，没搞错吧？这是不是就是说，如果你去参加一个葬礼，你宁愿自己是那个躺在棺材里的人，都不愿去当着大家的面发表悼词？"他开玩笑地说道。

一份 2001 年的盖洛普民意调查显示，人们最害怕的事物中，蛇排在第一位，坐飞机排在第八位，而死亡根本就没有入围排行榜单。还有一项调查结果也被广泛引用，美国国家共病调查（National Comorbidity Survey）显示，动物或小虫子是最令人害怕的事物，坐飞机排在第九位。

如果你问治疗专家或者任何一个克服过某一种恐惧的人，他们会告诉你，战胜恐惧的最好办法就是直面恐惧。比如一些怕蛇的人就试图通过抱住蛇甚至是亲吻蛇，来消除对蛇的恐惧。一些害怕发表公众演讲的人，则可以通过在脑中假想台下的听众都是赤身裸体的，以此来减少内心的恐惧。至于我的恐飞症，就只能是通过坐飞机来慢慢解决了，因为别无他法。我通常就是上飞机前买一堆八卦杂志，以便在飞行过程中自娱自乐。我看着空乘的脸，希望他们的脸上永远都不要出现恐惧的表情；我会数一下从我的座位到逃生门有多少排。这是我自己掌控局面的方式，其实掌控权也不在我手里。

我为什么要说这些恐惧？

因为我发现，在我采访的那些 CEO 中，恐惧是他们职业生涯中普遍存在的一种情绪。有人说，恐惧会阻碍事业的发展；有人说，恐惧在激励着自己前行，比如山姆·泽尔。还有一个人，你可能觉得他内心应该不会有多少恐惧，他就是亿万富翁埃隆·马斯克，他同时创建了两家公司——电动汽车品牌特斯拉和私人太空火箭公司 SpaceX。

"我的恐惧感十分强烈，"一个周六，他在离洛杉矶不远的 SpaceX 总部跟我讲，"这种感觉非常不好。"

"是什么东西让你感到恐惧呢？"我问。

"多年来，公司一直濒临破产的边缘，可能活不下去了，这是我所担心的。2007 年到 2009 年这段时间情况非常糟糕，公司也是拼尽全力，咬紧牙关努力坚持着。现在想想，经历了多少个担惊受怕的不眠之夜啊！"

埃隆说话还是有所保留，有一件事他没有提。2010 年，在公司出问题的消息开始见诸报端后，很快，他那桩引起公众争议的离婚案也闹得沸沸扬扬。据《纽约时报》报道，法院判决生效后他会破产，并援引他的原话说："大约 4 个月前，现金流已经出现了问题。"他睡在朋友家的沙发上，到处找人借钱。对于科技和商业媒体而言，这都是些很刺激的八卦消息。

回到我和他的对话中来，我说："你的这些恐惧都可以理解，但是对于大多数人来讲，有一种恐惧会阻挠自己做事情，那就是一种对失败的害怕。"

"是的，我不畏惧失败，"他继续说道，"因为我不是为了输赢去做事情，所以我不害怕失败。尤其是做一些对未来有重要意义的事情，我更不会去在意输赢。我开始做特斯拉和 SpaceX 时……当时的胜算只有 50%，相当少吧。不过，即使成功率如此低，它也有值得去做的意义。公司现在发展得很好，我心里的担忧也相对少了些。如果非得说我对公司有什么担忧，我想，那就是公司目前的产量还不能满足市场的需求。

"我认为，人们在面对恐惧时往往是不理性的。在创办 SpaceX 和特斯拉之前，我还想过，假使我最后失败了，也并不代表我会变得一贫如洗。即便倾家荡产、债台高筑，我也不能让特斯拉倒下……要想尽各种办法让特斯拉活下去。太可怕了，那段日子我一直魂不守舍，太糟糕了。"

"最后是怎么渡过难关的呢？"我问。

"我当时想，我有义务尽一切可能把特斯拉和 SpaceX 做起来，因为这是对未来有重要意义的事情。而且，我不想在老了以后回首往事时说，'你看，有一件事当初我没去做。如果做了，就肯定会成功的。'我不想让它变成遗憾。"

"照这么说，比起失败，你更害怕的是后悔？"我问。

"没错，就是这样的。"

换句话说，埃隆·马斯克具有较高的风险容忍度，这意味着他害怕的不是失败，而是害怕没有冒险去做一些有深远意义的事情。这既是很多企业家都有的担心，也是他们成就一番事业的原因所在，比如理查德·布兰森、马克·扎克伯格、比尔·盖茨和史蒂夫·乔布斯等。

约翰·钱伯斯是科技公司思科的 CEO，其手下的员工超过 65 000 人，他直言不讳地说，承担风险是一件值得鼓励去做的积极的事情，但同时也会带来很多后果。

"不愿承担风险的老板不是好老板，商界就是如此。每个人都倾向于在自己熟悉的领域里做事情，或者希望一切都在自己的掌控之中，"他说，"至于我，总是感觉很多事情行动得还不够快。每次都是因为行动得不够快才给我带来了麻烦，而不是因为我行动得过快。"

"为什么会这样呢？"我问。

"有时候，我会允许团队花很长的时间协同讨论某一事项，不会催促他们赶紧做决定。有时候，这样做是有风险的。我会优先考虑一些事情，一个人同时能做出的决定并不多，这取决于你增长的速度。尤其是现在，我身上只能担这些风险。如果手上有一个高到七成把握能赢的事，同时做三件，成功的概率也只有三分之一。如果你在一个增长很缓慢的市场中，那铁定就只是三分之一的胜算，还会加重 CEO 的工作负担。"

Work
Smarts
What CEOs Say
You Need to Know
to Get Ahead

山姆·泽尔论恐惧与金钱

我驰骋商海这么多年，恐惧一直都扮演着非常重要的角色。恐惧与花自己的钱，二者之间存在着某种关联性。换句话说，你拿自己的钱去投资，肯定比拿别人的钱和养老金去投资要更让你担惊受怕。当我签下 3 亿美元支票收购《芝加哥论坛报》时，花的都是自己的真金白银啊！可最后都赔了！

　　除非你生活在与世隔绝的山洞里，否则生活在现实世界中的绝大多数人都必不可少地会遭遇失败。小学四年级的时候，我在学校参加过一次知识竞赛，那是我关于失败的最早记忆。台下不仅有全校师生，我的父母也来了，他们坐在礼堂前排的中间位置，聚精会神地看着我。我知道他们心里有多骄傲，因为我是年龄最小的参赛选手。比赛一开始我就抢到了第一题，但答错了。之后抢答到的几道题也未能幸免，接二连三地出错。那天所有以 W 开头的题目（What、Who、When、Why 等问题），我的回答都是错的。我感觉到队友们开始给我使眼色，他们瞪着我，示意我别答了，不要给大家拖后腿。我发现，父母脸上由衷的骄傲神情变得僵硬，好似一副"我们要保持这样的表情，不然她会知道我们不安"的表情。比赛结束后，父母在后台找到了我，轻拍我的后背以示安慰，还说了句"表现得不错"。我知道，他们之所以说这些善意的谎言，是为了不让我内心受到伤害。我猜，你可能会担心我是不是有了心理阴影，以后都不会再上台。

　　别担心，那是上小学时的事。话说回来，失败会给你带来什么实际后果呢？比如在你丢了工作或没了收入时？这种恐惧是很现实的，因为几乎每个人都将面对或已经遭遇了这种失败。对失败心怀恐惧，医学上有个专有名词：失败恐惧症（atychiphobia）。这是一种极端形式的恐惧，会阻碍我们做任何带有风险的事情。试想一下，那是多么糟糕的人生。对你来说，最安全的事情莫过于坐在沙发上看电视了。

　　我们大多数人都有过这样的经历，内心总在和另一个自己对话，说服自己该做什么和不该做什么。这并不是一件坏事，因为你心有所惧。如果你不怕任何事情、一直在冒险，最后的结局很有可能是财破人亡。我觉得这些人应该有超乎常人的疼痛忍受力，比如把手放到炉子上或者爬树时掉下来摔断了腿，他们都不会感到疼痛。恐惧能促使我们深思熟虑。

　　恐惧是一把双刃剑。它既激励着你，也限制着你；它迫使你延展自己的能力边界，又克制着自己的能力范围；它既让你充满活力，又让你空虚枯竭。它是一种复杂与讽刺交织的情感。这就是为什么在恐惧排行榜中，比起死亡，有些人更害怕蛇。恐惧，是一种短期情感，也是一种长期情感。

恐惧也分几种，有"坏的恐惧""不那么坏的恐惧"，以及"好的恐惧"。"坏的恐惧"是很明显的，它会阻止人去冒必要的风险，或者让人去冒根本不能承受的风险。"坏的恐惧"会让我们做错误的决定，会让我们追悔莫及。比如接受一份我们并不想要的工作，比如长期处在一段不和谐的关系中。"坏的恐惧"会让我们失去信心，会让我们把看到的一切都当成半空的玻璃杯。即使是那些最有信心、最乐观的人，他们内心也会有"坏的恐惧"。

在如今商企林立的美国，因"坏的恐惧"而导致恶果的故事也不在少数。就在过去的几年，拉杰·拉贾拉特南（Raj Rajaratnam）、伯尼·麦道夫（Bernie Madoff）、艾伦·斯坦福（Allen Stanford）等人相继见诸报端，这些锒铛入狱的人为了一己私利不知欺骗了多少无辜的投资者。每当这些消息被曝出，就会有人不禁要问："为什么？难道他们不知道总有东窗事发的一天吗？"你可能不相信，让他们藐视法律、让他们下这几十亿美元骗局赌注的恰恰是恐惧。当然，这些人的傲慢和虚伪人格也超乎常人，但在他们内心深处却存在着巨大的不安和恐惧——一种不被重视的恐惧，一种输给别人的恐惧，一种怕"比别人少"的恐惧。我不是心理学家，但你只要看看他们的个人资料和过往经历，就不难发现他们的核心动机。当伯尼·麦道夫最终承认他的庞氏骗局的罪行时，他说自己忽然感到了内心的平和。他不用再害怕被抓，不用再因欺骗了成千上万名投资者而恐惧。在华尔街有一种说法，恐惧和贪婪是股票市场的两大驱动力。两者相生相息，如果你能控制好内心的这两种情感，就不会落得像伯尼·麦道夫那样的下场。

被"坏的恐惧"引入歧途的不仅仅只有华尔街上的坏人。有时候，好人也会因"坏的恐惧"而做出坏的决定。一个典型的例子便是 2000 年美国在线和时代华纳的并购案，它已被当成现代商业中一桩最失败的交易而载入史册。对于时代华纳的 CEO 格莱德·莱文（Gerald Levin）来说，当时并购的最大动力是网络世界正迅速侵占着他的领地。很快，他旗下的杂志、电视，包括 CNN，都将会被互联网公司吞灭。对照今天的结果来看，格莱德·莱文当时的恐惧确实有些太超前了。

不过，对于两个公司的并购来讲，恐惧绝不是首要出发点。坏的血液甚至在合同签订之前就已经开始流淌了。接下来的几年里，数以千计的人失去了工作和退休金。最终，两家公司分道扬镳，美国在线从媒体世界中的雄狮变为了车灯前的小鹿①。

特德·特纳（Ted Turner）作为美国在线—时代华纳的最大单一股东，比谁亏的钱都多。这桩并购案 10 周年之际，在 2010 年 1 月 10 日《纽约时报》的一篇报道中，特德·特纳说："时代华纳—美国在线的并购，应该像越南战争和伊拉克阿富汗战争一样载入史册，它是美国发生的最大灾难之一。我个人损失了 80% 的财产，之后还丢掉了工作。回头看看，好像我是有史以来最大的输家，因为我赔了近 80 亿美元。但我不认为自己是最大的输家，就拿比尔·盖茨来说，微软的股票大跌，他损失的可不比我少。在我眼里，他既是最大的赢家也是最大的输家。我只能排个第三、第四吧！"

美国在线的失败，也预示着一个东山再起的故事的开始。现任 CEO 蒂姆·阿姆斯特朗（Tim Armstrong）还清楚地记得，旁观那起并购败局时，他还是谷歌公司的高管。最终，他临危授命，加入美国

---

① 车灯前的小鹿（a deer in headlights），指一种焦虑、害怕、紧张的状态。如果黑夜里一头小鹿在路边看见一辆开着前大灯的汽车驶来时，就会惊慌失措地在原地一动不动。

在线试图扭转局面。

"我记得我来后做的第一件事就是跑遍全球，走访公司世界各地的办公室，和公司上下一万多名员工中的九千多人见了面。有人问我，你觉得美国在线还能重振雄风吗？我满世界去和公司所有的大客户面谈，仅仅是花在路上的时间就近百天。回到纽约后，我支起了三个白板，在上面分别写下员工们对公司发展策略的想法、管理团队的意见，以及我自己对所见所闻的思考。很多东西基本上都大同小异，除了我自己的一个想法有所不同外。可以看出，员工们和客户群之间很多想法都是一致的。

"所以，首先从调整发展策略开始，然后重新整合架构，以此来改变公司现状。我们做的第二件事就是鼓舞大家的工作士气。我向员工们承诺，不管是公司的好消息还是坏消息，我都会第一时间告知他们。这是一个很大的转变。第三件事，把办公室的墙拆掉，是真拆，我一来就把它们都拆了。我原以为这对公司的文化建设不会起多大作用，没想到最后的效果却好得出乎意料。在我们这儿，不管是对刚来的新人还是办公室里最年轻的员工，都一视同仁，所有的一切都是开放的。"

我问蒂姆，他在白板上写的东西和其他人的有什么不同。

"我写下了在线视频。和其他公司相比，我们基本上都有同样的东西——内容、广告、区域性的美国在线服务，但我要把视频业务加上。"在蒂姆看来，在线视频是移动互联网行业发展最快的一个领域，这部分的广告收入贡献最多。

这个故事让我想到了"好的恐惧"，这是一种非常能激励人的恐惧。心怀这种恐惧，你绝不会放任自己原地踏步、停滞不前。"好的恐惧"能让我们朝着一个方向不偏不倚。每一个东山再起的成功故事背后，都有这种"好的恐惧"。失败后自我反省、痛定思痛，让自己变得更强大、从头再来，心中有一种如果再失败便无地自容的恐惧。一般来说，任何一个成功的故事都少不了"好的恐惧"。

沃伦·巴菲特是世界上第三富有的人，握一握手就能做成几十亿美元的买卖。我说，你好像无所畏惧，他笑了。

"财政金融这反面的失败，我从不害怕。"

"为什么？"我问。

"我只是知道，一些事情我再努力也无济于事，还好大多数事情都不是这样。如果我什么都不做，我的人生将是多么无趣，"他说，"大多数时候，我都是对的，但有时也会错。也就是说，我不会因为可能做错什么而影响自己的判断。谁会从不犯错呢？"

"听起来，你貌似更害怕过一种平淡的生活。"我说道。

"平淡的生活很糟糕。如果我要是一直在宾尼那儿卖衬衣，那绝不会是一个快乐的人生。"

这种对平淡人生的恐惧，这种"好的恐惧"，驱使着巴菲特在金融领域取得了非凡成就。20 世纪 60 年代，他收购了一家名为伯克希尔·哈撒韦的小型纺织公司。后来，巴菲特把这家公司打造成了世界上最大的集团企业之一，旗下拥有的子公司超过 70 家，管理的资产超过 750 亿美元。巴菲特手中的商业市值，比叙利亚的经济总量还要多。当华尔街投行所罗门兄弟（Salomon Brothers）因债券交易丑闻而深陷泥淖时，巴菲特因接管该公司而名声大噪。当时，巴菲特不得不向国会作证，并说出了他那句每年年会都要讲的经典名言："亏公司的钱，情有可原；丢公司的脸，罪不可赦。"

再来看看一种慢慢灌输形成的恐惧。

"深究所罗门兄弟丑闻事件，最终你会发现，其实只是由两个人引起的，"巴菲特回忆道，"真正的罪魁祸首只有两个人……并不是说公司成千上万的人在那儿使坏。"

"我当时的主要工作就是化解危急局面，我要和 4 个重要的政府部门谈判斡旋，司法部、联邦检察官、联邦储备委员会和证券交易委员会，而他们都想看到公司破产。所以，我首先要说的就是，为什么两个人犯下的错误要由 8 000 个人来承担后果？我要把全部存在的问题都尽力找出来，把公司过去犯下的错误和盘托出。如果能给我们一次机会，那么公司在未来定会洗心革面。由于我并没有卷入公司的这场丑闻，也没有什么个人问题需要担心，所以就成了一名不错的协调者候选人。"

"有一件事大概很多人都已经忘记了。在我刚接手所罗门兄弟不久，有人在股市收市前闯了个祸，不知他是在订单后多加了个 0 还是怎么……虽然是个无心之过，但后果很严重，公司损失了几百万美元。乍一看，好像有人在拿所罗门兄弟公司当赌场，但他们没有。我对公司的员工说，我甚至都不想知道那个闯祸交易员的名字。因为据我所知，他只不过是不小心才弄错的，不能把这种人一棍子打死。但是，对于那些故意做出有损公司名誉事情的人，绝不能姑息。于是，我放出消息，不去追究那个交易员到底是谁，因为这无关紧要。太阳照常升起，明天照常上班。我觉得，这样的处理能让人更加明白我期待的是什么、我会容忍什么。"

我对巴菲特讲，你真是无所畏惧啊！他说："是啊，不过我还是怕一些事情的，比如当着公众的面演讲。我曾学过卡耐基的课程，这对我的人生影响很大。就在前几天……上周吧，我在一个地方遇到一位女士，她说她和我有同样的经历，以前也学过卡耐基的课程，这也改变了她的人生。我不记得是在哪个地方了。其实，你不必为自己的所有恐惧而揪心。不过，像参加'与星共舞'（Dancing with the Stars）这类真人秀节目会让我紧张。"

这也引出了我所说的"不那么坏的恐惧"。这是什么意思？一种"不那么坏的恐惧"可以算得上是"好的恐惧"——既不会太消极，也不会过于激进。它能同时具备自我激励和自我控制的特性。我在采访中不断地听到有人提及这种可控的恐惧，它帮助人们做出正确的决定。当然，这种恐惧不会像"坏的恐惧"那样糟糕。

零售企业家克里斯·伯奇把他内心的"不那么坏的恐惧"描述为"一种因不受人关注而产生的恐惧，或者是不被人仰慕和爱戴而产生的恐惧，比如我是个糟糕的差生"。

"我从来没有担心过丢掉饭碗，从来也没有向谁汇报过工作。直到我经历了一些事情，直到我的父母离世，我才开始感到恐惧和痛楚。所以，我不能像是穿别人的鞋子那样，假想丢掉工作的恐惧是什么样子。"

当经济从房地产泡沫破裂的萧条中慢慢恢复时，我时常会听到一个词，"没那么坏"。经济数据没那么坏；为了向市场注入流动性以刺激经济，我们的中央银行美联储正在推行没那么坏的措施；与失业比起来，新增的 45 000 个就业岗位没那么坏。没那么坏，既不好，也不坏。在过去的几年里，美国也一直在朝着没那么坏的方向发展。

不过关键问题是，我们要把"没那么坏"变成"更好"。不知道别人是怎么做的，但从我的采访经历和个人经验来看，最有帮助的一件事就是要熬过"没那么坏"的阶段，然后认识到反正天不会塌下来。

埃隆·马斯克此前提到，他把一切家当都压在了汽车公司身上，甚至到了要向别人借钱交房租的地步时，他也坚信天无绝人之路，自己不会一直一贫如洗。这就和那些大无畏的人想法一样，他们知道一定能渡过难关，从而战胜内心的恐惧。不管怎样，至少你还有健康的体魄、美满的家庭，还有强大的精神力量。

"多年前，我也曾花时间思考过是否要跳槽，我会有什么得失，"华尔街著名的女投行家莎莉·克劳切克说，"对我而言，第一个重要的升职机会，是出任伯恩斯坦研究公司（Bernstein Research）的主管。我思前想后，好吧，如果这次失败了，最坏的结果是什么？无非就是回去当一名普通的研究员嘛！有什么大不了的，这样的结局也不算太坏，我还挺喜欢当研究员的。只不过，会有一段比较尴尬的时期需要度过。后来，桑迪·威尔非常高调地把我带到花旗银行，星期二我才管着 386 个人，星期三就开始管 20 000 个人。当时我就想，如果这次跳槽没成功，最糟糕的结果是什么？可能会被现在的公司炒鱿鱼。好吧，这对我来说不是问题，对不对？要有经受住生活考验的能力。或许有人会说，'哦，天哪，我可能会被炒鱿鱼。'可能，只是一种可能，并不一定会发生，我就是这么想的。对我来说，如果这场备受关注的跳槽最后没有成功，那么虽然我被公司解雇的消息登上报纸不是什么好事，但我还是可以承受的。我能经得住那样的打击。所有的研究报告都在讲，人之将死，最后悔的不是做了什么事，而是没有去做什么事。"

诺兰·布什内尔说："未知要比已知更可怕，而且很多人并不能像享受成功那样认同失败。"诺兰手下的公司起起落落的有不少，雅达利（Atari）就是其中的一家。"如果我失败了，我倒想看看失败是什么样子。销售业绩不达标，这就是失败？没有工资发，这就是失败？什么是失败，这得好好想清楚，要得到一个合乎逻辑的结论。"

当我问诺兰·布什内尔，他认为自己最大的失败是什么时，他毫不犹豫地答道："机器人。"

"1983 年，我疯狂地迷上了机器人。没能说服投资者出资，我只能大把大把地花自己的钱。最后发现，那些投资者是明智的，我损失了不少钱。做了这么多年生意，机器人公司是单笔亏钱最多的，一次性赔了 2 000 万美元。当时的 2 000 万美元可不是现在的 2 000 万美元，那还是相当值钱的。如果你真的遭遇到失败，那就好好想一下接下来该如何一步一步地应对。房子应该不会失去吧，车子呢？我几乎就没有车。你可以赶紧申请破产，但大多数时候，你要和债主们沟通，看是否能分期还款。你可能在接下来的几年里过得不是很好，不能去夏威夷，孩子只能上公立学校。但，仅此而已。"

苏珊·莱恩说，她在职业生涯里犯了不少错误——好点子有很多，但就是赚不到钱。

"有一个错误，我犯了不止一次，那就是我太笃信好点子了，但这是生意场，"她说，"我没有提出太多的质疑，对产品的热情蒙住了我的双眼，让我看不到前方的挑战。Gilt Taste 是我喜爱至极的一个项目，我对它信心满满，因为我有一个强大的团队，有一款优质的产品，我们赢定了。但我却没有看到一些潜在的挑战，比如这款产品是制造商代发货，每多一份订单，就会给我们增加好几倍的运费成本。如果把部分成本转嫁到产品售价上，将会让消费者多掏 30%~40% 的钱，这是我们所不能接受的。

"我和玛莎·斯图沃特（Martha Stewart）在做《蓝图杂志》（*Blueprint Magazine*）时也犯了同样的错误。我原以为，做一本给年轻女士看的 DIY 手工杂志，配图精美、超有品味，会很酷。我满心期待，肯定会有很多人给我们投资。但我错了，其实并没有。所以，凡事你要做最坏的打算。如果有一天，连一分钱的投资都没有了，你要知道如何应对。"

在本章最后，我想问"好的恐惧""不那么坏的恐惧""坏的恐惧"之间究竟有什么区别？其实更重要的是，你要学会如何去克服这些恐惧。如果在"坏的恐惧"中沉沦堕落，你的自信心和价值观将会大受打击，人生将黯然失色。

我最近一次心生这些恐惧，还是在我纠结要不要跳槽转行去做电视的时候。虽然现在一切都已经顺其自然，但在当时，我的朋友、同事等几乎所有认识的人都告诉我，从一名平面媒体记者转型为电视记者是相当难的。

一来，我要和那些电视行业中从业经验丰富的人竞争。我从没播过新闻，也没写过电视脚本，为电视台做报道的次数更是少得可怜。很多人以为，不就是站在镜头前说话嘛，没什么难的吧！事实上，要想在直播的状态下说得言之在理、一针见血，更多需要的是经验和技巧，而不仅仅是说话的能力。

二来，我在平面媒体已经做得很好了。作为一名作家和财经记者，我已名声在外，在《金融时报》上发过不少重磅报道，也在其他一些主流平面媒体上颇有影响力。虽然赚的钱可能不到百万，但是和其他的同行朋友们比起来已经很不错了。开着不错的车，住着舒适的房子，做着自己喜欢做的事情。和很多新闻圈的朋友一样，我也曾觊觎过《纽约时报》和其他几家全国性的大型媒体。实际上，若是最终去了《华尔街日报》《华盛顿邮报》这样全国性的媒体，很多人的职业生涯也就到头了。

三来，那时我将近 30 岁，正打算要小孩。周围的朋友很多都怀孕了，我开始担心，再这么等下去，会不会错过最佳孕育期。真搞不明白，就在这纠结的时刻，我居然还萌生了换工作的念头——想跳槽的同时还想要小孩。

所有这些念头都在我脑海里打转，把我弄得几近崩溃的正是对未来的恐惧。有一个周末，我在泽西海岸的海洋城陪家人，我们坐在海滨别墅里放松休息。父亲看出了我有心事。

"怎么了？有什么烦心事吗？"

我告诉了他内心的纠结。生小孩，意味着承诺和义务。换工作，也是另一种承诺和义务。更不用说，还有对找工作的不安和收入来源的担心。

我已经记不清当时父亲的原话，但他帮我理清了思路。我想，比起具体的字眼，是他说的内容打动了我。我的父亲，一个曾经只求我有一份安稳工作的男人，现在告诉我要去冒险。他建议我，去吧，让未来顺其自然。

"走一步看一步。"

那一刻，"坏的恐惧"和"不那么坏的恐惧"都转化成了"好的恐惧"——我开始担心，如果不去尝试会有什么后果，而不是害怕做了会有什么后果。我问自己，如果 5 年之内没有任何变化，我会开心吗？答案当然是否定的。到时候一切都回不去了，世间没有后悔药。

最后我想通了，生命只有一次，我的任务就是要把"坏的恐惧"变成"不那么坏的恐惧"，最终形成"好的恐惧"，激励自己勇往直前。

第 7 章

金钱

我把本章取名为"金钱",因为它的确和"钱"有关。

钱,交换的介质,用来衡量某一物品事先确定好的价值。钱可以交换很多东西——一块草地、一枚玻璃弹珠,一张大额钞票还可以换成若干小面额的纸币或硬币。如果只考虑印制成本,那么 1 美元只值 4 美分(相当于人民币 0.24 元)。但在国际市场上每一单、每一秒的外汇交易中,作为其他货币的交换介质,1 美元的价值就是 1 美元。在交易员看来,不管是美元兑日元、美元兑欧元,还是美元兑澳元,美元的地位都非常重要。反之,日元兑美元、澳元兑美元也同样如此。所以,你可以说,美元是所有货币中最强势的货币。到目前为止,美元仍是健身房中最强壮的那个,没有其他币种能与之匹敌。

人们用美元——或者是很多美元——来与人竞争。不是有这么一句话吗?"金钱是一种记分方法。"我不仅听山姆·泽尔引用过,这些年还听很多其他的成功人士说过。有时候,宽敞的豪宅、优秀的儿女,还有体面的工作,都是一种得分,能说明你有多成功。但实际上,这些都和钱有关。有很多钱又怎样,比你有钱的大有人在。我亲眼见到过,身家数亿美元的人在身家几十亿美元的人面前,会自惭形秽。前不久,亿万富翁巴西石油大亨埃克·巴蒂斯塔(Eike Batista)成为媒体焦点,因为他损失了很大一笔钱。从这起惨痛的教训中,埃克·巴蒂斯塔懂得了"枪打出头鸟"。他曾经说过自己将会超越沃伦·巴菲特、比尔·盖茨和墨西哥电信大亨卡洛斯·斯利姆(Carlos

Slim）成为世界首富。上帝似乎听到了他的诳语，想给他点儿颜色看看。2013 年 7 月开始，埃克·巴蒂斯塔不再是亿万富翁了。

你不能打击一个有进取心的人。大多数人挣了很多钱后，最担心的是会失去它们。很多人认为，百万富翁和亿万富翁不会有什么烦恼。实际情况果真如此吗？一份研究结果显示，在某些情况下，金钱带来的不安与恐惧，比它带来的安全感要多得多。如果你特别有钱，那么你的朋友们总是不断地劝说你去投资他们的项目或者找你借钱；儿女们总是在怀疑，心爱的人看上的不是自己，而是这殷实的家境；生意场上，也总是有人在和你作对。拥有更多的钱，将肩负更大的责任——要照料家庭，要做更大的生意、招更多的员工，不断地用各种方法来撑门面。不过，像比尔·盖茨这样富得流油的人，平时看起来特别朴实，就像一位还亲自到超市里挑选鸡蛋的中年父亲一样。而那些还不是那么有钱的人，他们却想极力炫耀和证明自己，开更大的车、住更好的房子、穿更漂亮的衣服、过更美妙的假期，他们就是那种典型的"快乐水车"——跑得更快只是为了让自己勉强保持在原地。

《纽约时报》在 2013 年 3 月的一篇周日报道中，讲述了一位科技界百万富翁的故事。他是一个摆脱了"快乐水车"的人，变卖了所有家当，现在住在曼哈顿一间约 39 平方米的公寓里。"我花了 15 年时间，在经历了一段刻骨铭心的爱情以及无数次的旅行后，才逐渐走出了以前的生活。那是一种囤积不必要之物、一味追求更浮夸更好更富足但并不快乐的生活。"格拉汉姆·希尔（Graham Hill）写道。

另一方面，有一些人像鱼缸底部向上张望的鱼一样，对希尔这样的人说："得了吧，我住的就是 39 平方米的公寓，但我更想变成像你一样的百万富翁。什么时候才能那么有钱？怎样才能那么有钱？"你债务缠身、打两份工，你还想组建一个家庭，但你没有那么多钱。你觉得生活了无希望，你也想省点儿钱，可需要支付账单、房租 / 房贷、车贷、婴儿保姆费等。抑或是，你虽然有着不错的薪水，但这些并不能让你退休后过上优越的生活。变得富有，似乎看起来能让你变得更快乐、生活过得更好。这就不难理解，为什么这么多人在买彩票、这么多人在快速致富的骗局中上当受骗。

多数研究结果都表明，金钱买不到幸福。早在 20 世纪 70 年代，南加州大学一位名叫理查德·伊斯特林（Richard Easterlin）的教授就提出了伊斯特林悖论（Easterlin Paradox）。其核心观点是，在某种程度上，一旦基本需求都被满足后，更多的钱就不会买来更多的快乐了。他观察了 20 世纪 40 至 70 年代的数据，发现虽然人们的收入增长了，但幸福却没有同步增加。当时，有一些学者与伊斯特林的观点相左，他们认为，并不存在满足的界点——对于一些人来说，有更多的钱就意味着更多的幸福。

伊斯特林悖论到底对不对呢？其他的幸福指数显示，如果我们是世界上最富有的国家，那么我们肯定是一群可怜的人。新经济基金会（New Economics Foundation）2012 年编制的"快乐星球指数"（Happy Planet Index）显示，在 151 个国家中，哥斯达黎加、越南和哥伦比亚是幸福感最高的三个国家，美国排第 105 位。最近，经济合作与发展组织（OECD）的生活满意度调查发现，瑞士、挪威和冰岛是满意度最高的三个国家，美国排第 14 位。

所有这些都表明，如果你想用金钱来换取幸福，那就大错特错了。或许对于一些百万富翁来说，把自己的财产变卖后才能懂得这个道理，但你不必。想知道生钱之道，没什么不好意思的，就像巴菲特说的，"爱钱没有错"。

"可是，如果你一开始就是个骗子，那么有钱之后你就会变成一个更大的骗子。同理，你要是吝啬的人，有钱后你会变得更吝啬。"巴菲特说，"但你要是个大方的人，有钱后就会变得更大方。我认为，不管是金钱还是年龄，都将使你最初的本性变得更加强烈、突出。肯定也有例外的，但一般都如此。"

金钱，会让你变得更像自己。如果你是个令人讨厌的穷光蛋，那么在变得富有后，也只会是个令人讨厌的有钱人；如果你是个快乐的穷光蛋，那就会变成一个快乐的有钱人。这几乎是一个放之四海而皆准的公理，一些惯搞阴谋诡计的人，机关算尽后变得富有、登上顶峰，他们的财富终将会加速减少；那些一心专注事业只是为了拿六位数工资的人，也终将把自己的所得挥霍殆尽。这或许不叫伊斯特林悖论，这是我们每一个人自己的悖论。

赚到让你挺直腰板的钱

现在，我们知道钱不能买来幸福，那么钱到底能买什么呢？

更好的健康护理。

更好的教育。

自由。

最后一项极其重要。

我在前文提到的鲍伯·本默切是美国国际集团（AIG）的 CEO，他是那种心直口快的人，也天不怕地不怕，他甚至会当着你的面说脏话，然后把你开除。他能这么做的底气，来源于自己的财务自由。赚了很多钱以后，他才敢那样。正如鲍伯告诉我的，这种"有钱腰板直"的想法在他一无所有的时候就萌生了。

"其实很简单，要赚很多很多的钱，足以让我买得起我想要的东西，"他说，"父亲在我 10 岁的时候离开了人世，什么都没有留下，除了那 25 万美元的欠债。母亲要抚养我们 4 个孩子，12 岁的姐姐、10 岁的我，还有 5 岁的妹妹和 3 岁的弟弟。没有遗嘱、没有保险，还要还 25 万美元的债…… 这样的情况即使发生在今天也已经挺惨的了，更何况是在 1954 年。

第 7 章
金钱

"我的父亲是一名摄影师，他在报纸上开辟了一个街拍专栏以挣点儿外快。读者们很喜欢这种小人物的照片。这是纽约州蒙蒂塞洛沙利文县的一份地方报纸。我们最初是从布鲁克林搬过来的。我的父亲买下一些小木屋、一家餐厅和一个酒吧，他想做点儿生意。后来他有个想法——开汽车旅馆，不是在城外开，而是在城里。这样，既可以让客人到处走走，同时也不耽误在城里办事情。

"于是，在 1952 年到 1953 年间，他的想法终于被付诸实践，他在纽约州蒙蒂塞洛的卡茨基尔开建了一座汽车旅馆。当时唯一的问题是没有钱。但几乎每一个人都对他的点子感兴趣，木材公司送过来木材，水管工提供管道产品，一切都非常顺利地进行着。直到 1954 年 12 月旅馆建成后，他发现已经过了旺季，根本就没有生意。没有钱、没有看得见的资金来源，而且已经 50 岁了，他最后心脏病发作而死。可以说，是钱杀死了他。"

"他没有去找别人借钱吗？也没有跟别人商量延迟还钱的时间？"我问。

"他没有去借钱，他只是欠那些供应商的钱。因为我的父亲是个很聪明的人，他们都很喜欢他，也信任他。所以，我在 10 岁的时候就懂得了丧失抵押品赎回权^①的风险。我的母亲每天 6 点起床，把我和姐姐送到学校，照顾两个年幼的弟弟妹妹；她要时刻关注着蒙蒂塞洛有没有开新的汽车旅馆……打理餐馆。她还要确保客房干净整洁、酒吧正常运转……经常要守到凌晨一点左右才打烊。除了星期天，她日复一日，天天如此。"

"我的母校是纽约州北部的阿尔弗雷德大学，有一次我被请回去

---

① 丧失抵押品赎回权指借款人因还款违约而失去赎回抵押品的权利。例如在房地产交易中，向银行贷款买房时，要用所购房屋作抵押，如果后续没有还款能力，就会丧失抵押品赎回权，银行有权收回该房产。

以 AIG 公司 CEO 的身份来做毕业演讲。"他脸上露出得意的笑容但又略带困惑地继续说道，"我通常喜欢讲一些实用的干货，这是我行事的风格。但我也会有一点儿担心，那些毕业生可能会这么想，好吧，这位大都会人寿曾经的 CEO、AIG 现任的 CEO 是我们遥不可及的人物，听他的演讲有什么用呢？

"所以，我在内心对自己说，或许他们需要知道我并不是一开始就当 CEO 的，我可以让他们知道我的发家史。如果没有发生那些事情，结果或许会更好；如果我的父亲有人寿保险，生活肯定会大不相同；如果他当时能拿到银行贷款……所有人一看就明白，这些会有助于做生意。但是我的父亲没有。我自己人生的第一条原则就是，兵来将挡、水来土掩。"

后来，鲍勃提到了他由此引申出的第二条原则。

"你要懂得什么是知足，然后也要让自己知足。我把它叫作让你挺直腰板的钱。"

"让你挺直腰板的钱。"我重复道。

"你不想在工作中受制于人，你想每天上班时都感到是自由的，你要做出自己想要的判断。在我的职业生涯中，这点非常有用。因为我知道我做的都是我自己想做的，才不管别人怎么看。于是，你开始信心满满，如果这不是你想做的事，如果你对自己正在做事有所怀疑，你就有自由做出不同的选择。"

鲍勃的父亲没有"让你挺直腰板的钱"，他被债务缠身，是压力压垮了他。作为儿子，鲍勃亲眼看着父亲变成了钱的人质。这也让他懂得，生命的核心任务在于不让自己被金钱绑架。

"过往的人生经历让我明白，我不需要最新的车，我没必要戴最新潮的手表。我手上这块表已经戴了 20 多年了。"鲍勃说着抬起手给我看，"这是卡地亚的，非常不错。每个人都说，'我看这个东西很好那个东西很好，我要买这个表我要买那个表。'但我说，'你知道吗？我就是喜欢手上这块，我不再需要其他的什么表了。'终有一天，他们会知道我做的是对的。我一直在说，比起好看的衣服，我更需要的是自由；比起精美的鞋子，我更需要的是自由；比起漂亮的汽车，我更需要的还是自由。于是，从 1984 年起，我身上就没有再背负任何债务，并从那时开始一直都没有。"

拥有了财务上的自由，也就意味着了解了自己最容易被什么满足。会有一个确切的数值吗？会有一个定量的指标吗？可以设定一个前进的目标吗？瑞士金融公司瑞银（UBS）的一项调查发现，大部分百万富翁觉得，至少拥有 500 万美元才算富有。

他们是如何定义富有的呢？

"投资者把富有定义为，自己的行为活动不因钱财多少而受到影响。"报告中说。换句话说，就是要有"让你挺直腰板的钱"。

可是，500 万美元真是一个能让人有安全感的数字吗？波士顿大学财富和慈善中心的一项非常有意思的研究发现，财富越多，内心需要得到的安全感就越多。该研究团队访问了一个由美国超级大富豪构成的精英小组，问他们作为一个有钱人是一种什么感觉。不出所料，他们中大多数人都对自己的财务状况感到不安。正如 2011 年一期《大西洋周刊》的文章所描述的，许多富人都觉得，自己的银行账户里如果再多 25% 的钱，他们就会真正感到安全。还有一个回答是，除非在银行里存有 10 亿美元，他才会感到安全。我们来重复一遍他的回答：除非有 10 亿美元——足以买下五架波音 787 飞机——这个人才会感到安全。

我曾问过山姆·泽尔，有钱是一种什么感觉。是不是跻身亿万富豪的行列后一切都会发生变化？

"我肯定每个人都会变的。于我而言，很多东西的价格我都不知道。真的，我确实不知道某样东西得花多少钱。"

"比如一瓶水？"我问。

"是的。我可能听说它要花 3 美元或者 2 美元，但我真的不知道价格。我从不亲自买东西。如果我需要什么，就会有人为我去买。照这么说来，我可能就是那种'不食人间烟火'的人。我相信，如果我过着捉襟见肘的生活，我想我一定会知道那些价格。不过，我也一直过着非常节俭的生活。虽然在纽约有一架飞机、一套公寓，但我现在穿的牛仔裤还是我 14 岁时买的！（笑声）按照我的想法，有很多事情要去做，每个人都要做自己。我要成为自己心目中的自己，这一点不会改变。当别人向左走时，我花了一生的时间在向右走。"

山姆接下来为我描述了唯一可以被算作让富人两难的事情——如何聪明地花钱。"我把很大一部分时间都投放在慈善事业上，但不会担任董事会成员。我也从不出席任何非营利组织的董事会，我不做这样的事情。还有一件我不做的事，那就是不会仅仅为了让自己的名字出现在某一栋建筑上而把钱捐给某个组织。我会说，'让我们做点儿与众不同的事情吧！'"

山姆在过去几年资助了很多项目，比如密歇根大学的创意艺术、西北大学的创业者，还在宾夕法尼亚大学的沃顿商学院培养新型的地产开发商。他说自己最伟大的成就之一是，13 年前就已经开始在以色列帮忙创建了一个新公司孵化器。

"这个故事最精彩的部分是，现在以色列的所有公司都争抢着要该项目的毕业生，"他说，"他们把自己叫作'The Zell-ots'①，这真的很了不起——其实你也可以创造那样的环境。"

金钱不是人生的唯一追求

那么，到底什么是"让你挺直腰板的钱"呢？

答案是：这得看情况。虽然这个答案是不确定的，但你也知道，"让你挺直腰板的钱"是个变动的目标。有人把自己 6 个月的工资视作这个钱；有人把自己一年的收入存在银行账户后心里才会觉得舒坦。至于我，把税前收入的 10% 存起来就好。有几年都是这么做的，还有几年没有做到。我一直都很怀疑，定这么高的百分比是不是个好事情。因为，无形之中它会让你舍不得花钱。这也是给自己的一种安全保障……就像松鼠会为自己囤积坚果一样，我们会囤积钱。但前提是，你得有钱囤积才行。

有钱和获取自由，其实都一样。因为"手中有钱，心里不慌"，当遭遇不测时，能保你全身而退。如果你是这样想的，那手里囤积的钱就是一个能增加自主权的工具，能让你心随己愿。但有些人存钱，纯粹是源自内心的恐惧——以防自己哪天被炒鱿鱼，口袋里空空如也。存钱本来无可厚非，但不能把它当作负面事情发生后的缓冲垫，或者是通向未来的跳板。你头脑中要有这样一根弦：如果有了一定的钱，就能自由地做出自我的选择，就能去实现自我的终极目标。"让你挺直腰板的钱"就是一种独立自主。

如果钱能给你买来自由，那为什么不去多赚点儿钱呢？

美国人对钱又恨又爱。不管是看着自己捉襟见肘的样子，还是羡

---

① The Zell-ots, Zell 指山姆·泽尔本人，ots 是 Officers' Training School 的缩写，指美国空军军官训练学校。The Zell-ots 按中文可理解为"创业界的黄埔军校毕业生"。

慕别的有钱人（比如白手起家的沃伦·巴菲特），都令自己很难堪。要是有人工作仅仅是为了赚钱变富，我们还会对其嗤之以鼻。讨论薪水或财产问题，会招人反感和厌恶。不管是谁变得有钱，比起自力更生，美国人更希望是其他的什么原因使然。所以这就不难理解，人们为何对贪婪的华尔街投行家心存成见，比如电影《华尔街》的主角葛登·盖柯（Gordon Gekko）。在写这本书的时候，两个华尔街坏蛋成为举国上下关注的焦点——年轻的那个叫法布里·托雷（Fabrice Tourre），是一名自以为是的主管，帮助高盛打包了那些和房地产相关的垃圾证券；另一个是秃顶的对冲基金亿万富翁史蒂夫·科恩（Steve Cohen），其被指控进行了内部交易。似乎对公众而言，不管史蒂夫·科恩是否真的有罪，他给人的印象都不好。每次，只要是有关他的报道，都会提到他对帕洛玛·毕加索、威廉·德·库宁、贾斯培·琼斯等人画作的偏爱。这样做的目的不仅仅是在表现他的财富，也是在用画中的美女和现实中的野兽做对比。

在亚洲，特别是在中国，人们对钱的看法有一点儿不同，似乎每个人都在拼命赚钱。我并不是想以偏概全，在过去的 20 年里，我断断续续地在中国香港、内地和台湾地区生活过，这种想法普遍存在。如果说，你工作的目的是"为了帮助别人"，那就有点儿不正常。

我住在台湾的时候，小姨有一天晚上来看我。

"这房子多少钱啊？"

"你现在赚多少钱？"

"这洗衣机很贵吧？多少钱？"

没完没了的都是这些问题。当然，她并无恶意，提这种和钱有关的问题非常正常，尤其是被你的家庭成员问起时。在一些其他文化中，钱只是一种获得自由的方式，而在这里，钱是唯一的途径。

在美国媒体上，商业新闻和普通新闻是分开报道的，而在香港，商业新闻就是普通新闻。你经常会看到，犯罪报道后紧跟着房地产价格的消息。电视上香港商界大佬新闻发布会的篇幅，就像报道总统的最新消息一样多。我的大部分中国同事一直在想着怎么赚钱，其中一个人做摄影相关的生意，一个人开了家 Spa 店。还有一个人，和她那些好姐妹的想法一样，希望嫁个有钱人。有一次，我和好朋友去内蒙古背包徒步旅行，走在乡间的路上，我不由得想到一件事。背包周游世界这么具有理想主义的事情，中国很少有人有这闲工夫去做。大多数人一心想着的就是赚钱，赚钱，还是赚钱。

再回到美国，赚钱天经地义，但赚钱不是唯一追求。这句话，在我采访很多CEO时都听到过。话糙理不糙，这话碰巧还成了句真理。

摩根大通的 CEO 杰米·戴蒙说："眼里不能只有钱。我见过不少人，如果下一份工作拿不到更高的薪水、得不到更高的职位，他们是不会跳槽的。个人事业的发展岂能这样？如果你想扩大视野、增长见识，有时是需要挪挪位子，即使是平调。"

他似乎是想要说清楚人与钱之间的复杂关系，又补充道："我们是不是看到过很多这样的人，前脚还拍着桌子要求加薪，后脚却跳槽到另一个地方，拿着不及此前一半的工资在工作。钱财与生活品质、被人尊重的感觉和自我成长有关。"对钱财的向往，有时候并不是为了钱本身，真正作祟的是权力、控制欲、自由，还有内心的骄傲。沃伦·巴菲特总是在说，他每天是跳着踢踏舞去上班的。"我的意思是，如果你到了我这把年纪，或者是六七十岁的时候，有很多你爱的和爱你的人，你将会是一个很幸福的人。如果再有一份自己喜爱的工作，那就再好不过了……我就是这样的幸运儿。很多人到了65 岁或者某一阶段后就不得不退休，但我却继续在做自己喜欢做的事情。"

即便是大名鼎鼎的反正统歌手鲍勃·迪伦（Bob Dylan）也懂得什

么是成功生活。"钱算个什么东西？如果一个人从每天早上起床到晚上躺下睡觉之前，都在做自己想做的事情，他就是一个成功的人。"

不断增加自身的价值

我已经很刻意地不把本章内容写得往个人理财方面靠。

个人理财，无可厚非。我出的第一本书《年龄的智慧》（*Age Smart*）中就有一些关于个人财务的内容。但有时候我还想知道，教育部现在要每个学生在学校里修会计或金融的课程，是不是说我们就不需要那么多的相关书籍和网站了呢？很多次，我听到那些成功人士说（尤其是女性），如果能早一点儿读懂资产负债表就好了。我们中的很多人，不管是否有钱，其实并不知道如何去理财。问题很简单：赚钱如抽丝，花钱如山倒。

关于个人理财的话题，已经有人讨论得太多了，所以我不打算着太多的笔墨。

抛开各种数据和信息，据我观察，个人理财可以总结为以下 5 个基本方面。

1. 减少负债。
2. 买房好过租房（从最终结果来看）。
3. 早存钱、早投资。
4. 把钱分散于股票、债券、房地产和其他领域。
5. 买保险（医疗保险、牙科保险、汽车保险），定期更新你的遗嘱。

这些都是明智的推荐，只要你翻开任何一本讲个人理财的书，里面或多或少都会提到上述内容。

有一次我采访了零售企业 CEO 克里斯·伯奇，在快结束的时候，他猛烈抨击了某位理财作家："我发现，如果你手上拽着很多钱却什么都不去做，会觉得自己是个极其失败的人。这会让自己心生更多恐惧……这些理财作家为什么非得要求大家在晚上睡觉时担心自己第二天会与世长辞呢？（人没了，钱还在。）"

按照伯奇的说法，人们在睡觉前应该思考的是，怎样去赚更多的钱、怎样让自己变得更有价值。他说，现在很多人把主要精力都集中在保护自己的财富上，而对如何增加财富（不管是现金财富还是自我的价值）都没有太多关注。企业家们熟稔其中的道理，把它当作第二天性，而其他人则对此心存畏惧。如果不怕，那么人人都可以成为企业家。但据我们所知，只有 15% 的人会认为自己有自食其力、白手起家的能力。

加里·维纳查克（Gary Vaynerchuk）[①] 把它叫作"把自己变成蓝精灵"。是个风险资本家，子承父业，在新泽西州做酒水生意发家。后来，在一个 Web 2.0 的展览会上，他在台上告诉大家，你们需要不断地增加自身的价值。

"对着镜子，扪心自问，'我余生的每一天要如何度过？'听我的，不断增加自身价值。我保证再坏的你，也能把自己变得有价值并赚到钱。如果你喜欢《家有阿福》，那就开一个阿福博客。如果你喜欢收集蓝精灵，那就把自己变成蓝精灵！不管你需要做什么，去做就好了。"

不过，那是不是说把自己变成蓝精灵就是要去做生意呢？不是。不管是学习一项让老板更喜欢你的新技能，还是重返校园拓宽自己在

---

① 　加里·维纳查克是美国的白俄罗斯移民，出生于新泽西州，著名博客作家，于 2006 年上线了葡萄酒图书馆 TV（Wine Library TV），把家族式的卖酒商店打造成了一家价值数百万美元的酒企业。加里因对自己葡萄酒品牌的成功推广，成为谷歌、百事可乐等公司的营销顾问，他向企业界积极推广自己发现的"感恩经济"原理，并将其成功运用到体育、大众消费品和零售业中。

专业领域的建树，这其实都是在增加自身的价值。要与人社交，欣然接受新观念、新想法，就能碰撞出兴趣火花，并激发创新，开启新的事业。赚钱多少与自身价值多少有着直接的正相关性——你的技能、学识和专业素养能给市场带来什么。

柯达前首席市场官杰夫•海兹勒特对打造品牌价值略知一二，他说他把自己当成一个公司来看待（又一次提到了"当自己的老板"的概念）。他告诉我，每隔 18 个月，他必须要做点儿什么新事情——写一本新书、制作一个新节目，或者是进行一个能给市场增加价值的新项目。就在 12 个月之前，他签约彭博电视台成为了一名撰稿人。

"总是要想着，如何能让自己的事业蒸蒸日上。"他说。

当你心怀这种想法，公司也会随之朝好的方向发展。正如杰夫举的另一个例子，每年"果粉们"都期望苹果公司能推出新一代的 iPhone 或 iPad。如果苹果没有这样做，"果粉们"就会觉得苹果公司会失去自己的优势，很容易被像谷歌和三星这样的竞争对手赶超。快餐品牌麦当劳也要经常推出新品和新菜单，比如超大鸡翅和麦当劳卷，这样才能让顾客觉得这是一家年轻、有活力并充满亲和力的公司。时装设计师们每个季度都会推出新作品，标榜自己的风格并引起极大关注。如果你不经常为自己的事业增加点儿价值，那么你将会原地踏步、停滞不前。不管是护士、教师、售货员，还是技工，都是如此。为自己增加价值其实非常简单，比如报个学习班增加知识储备，或者加入和你的职业有关的社交小组担任志愿者。任何有助于你成长的事情都可以增加你的价值。

杰夫为什么事业有成？答案显而易见。不过，这和克里斯说的"很多人因为自己的钱而担心得要死"有什么关系吗？

为了求证这一点，我只需看看股票市场的表现。2013 年 6 月，大约有 10 万亿美元的资金在观望，既没有变成存单，也没有流入货币基金市场或直接存进已有银行账户。也就是说，这些钱连利息都挣不到。这释放出了一个信号：普通投资者都怕把钱放进股市。如果在 2008 年金融危机触底时，你因为恐惧而把钱从股市撤出，那么到现在你就已经错过了 95% 的收益。来算笔账，如果你在 2008 年 12 月将 10 000 美元投进股市，那么现在你的股票账户内会有 19 500 美元——稳赚不赔。

那么问题来了，我们绝大多数人都怕用自己的钱去投资。这种害怕经济上遭受损失的恐惧，同样也阻碍了我们萌生和去实现自己的企业家梦。我们怕失去金钱，我们怕失去安全感。杰夫和克里斯英雄所见略同，他们都说出了同样的话。那么多的书都在教我们如何摆脱债务、如何聪明地投资，而杰夫和克里斯指出了我们的关注点其实是错误的。把钱投入 401k^①并不能让自己变得富有——如果你投资得不错，它或许能为你带来舒适的生活，但不会让你变得富有。首先要专注的是你的事业和你自己，你能为自己增加哪些价值，那么赚钱就是顺其自然的事情了。要积极主动地赚钱，而不是消极被动地守财。

知道如何用好自己的钱，并不是一件坏事，这显然是个很好的习惯。正如山姆·泽尔所说的，这也是"超级简单"的事情。有些公式要常记心间，花出去的钱要比挣到手的钱少，把钱分散于多种不同的投资领域——地产、股市、债市等。这样的话，你差不多就可以保障自己的财务安全。我总觉得，个人理财和节食有很多相似之处。其实，没有什么神奇的公式。节食，无非就是摄入了多少卡路里、释放了多少卡路里，通过运动来调节。虽然每个人的情况有一些差别，但如果你真的想减肥，那么吃进去的能量要少于运动消耗的能量，这样你就能看着自己的腰围一天天变小。

---

① 401k 计划也称 401K 条款，401k 计划始于 20 世纪 80 年代初，是一种由雇员、雇主共同缴费建立起来的完全基金式的养老保险制度，是指美国 1978 年《国内税收法》新增的第 401 条 k 项条款的规定，1979 年得到法律认可，1981 年又追加了实施规则，20 世纪 90 年代迅速发展，逐渐取代了传统的社会保障体系，成为美国诸多雇主首选的社会保障计划。

个人理财也同样如此。花的比挣的少，把节余的存下来。用这些钱来投资，即便是在经济环境艰难时也要继续投资，希望它越变越多。最终，你将会比一开始时的处境要好得多。

只要你清除了脑海中的思想障碍，就能更加专注于那些真正重要的、有助于事情发展的事情。比起担心自己的 401k，这绝对能让你每晚睡个好觉。

Work
Smarts
What CEOs Say
You Need to Know
to Get Ahead

第 8 章
心流

尽管是电子游戏公司雅达利的缔造者，但诺兰·布什内尔却更钟情于老式国际象棋。

诺兰·布什内尔与我通电话时，说的第一件事就是："在下国际象棋时，我的每一步棋之间都是有关联的，我会把接下来的五六步都想好后，才决定要不要让现在的这颗棋子落盘。对手每走一步，我都要揣度他之后的三四步甚至更多步会怎么走。如果我愿意，那么当他的棋子一落盘，我就能立马出棋。如果他想下快棋，那我也玩得起，一招接一招后，我们会停下来思考再下一步的对策。我现在每天差不多都会专心地玩一个小时的棋。"

诺兰所描述的国际象棋之道，似乎与众多青少年的电子游戏之道不谋而合。他们都处于心流（Flow）[①]之中。心流这个概念由匈牙利心理学家米哈里·希斯赞特米哈伊（Mihaly Csikszentmihalyi）最先提出。简单地讲，这是一种对正在进行的活动和所在情境的完全投入和集中。关于心流，在写这本书的时候，我好几次都有这种体会。写着写着忘记了时间的存在，似乎整个世界就只剩下手头的任务——专注于把我心中所想转化为电脑屏幕上的文字。

---

① 米哈里·希斯赞特米哈伊将心流定义为"最理想的满足与从事经验"。他认为，完全参与在某种活动中的人，自我意识会消失，每个行为、动作和想法必然会一步接着一步，就像跳爵士舞一样连贯。整个人都沉浸其中，且能将自己的技能发挥到极致。

希斯赞特米哈伊研究了很多容易处于心流之中的人——作曲家、艺术家和运动员。不管是做园艺、骑自行车还是写作，他们都很享受这种处于心流的状态，甚至连公司和企业也是如此。有时候，你会感到一些公司有一股专注于核心任务的力量，比如苹果公司。乔布斯时代的苹果是有心流的，霍华德·舒尔茨（Howard Schultz）时代的星巴克也是。心流并不仅仅出现于某一时刻，它还是一种没有任何附加条件的纯粹享受。

我常在节目里开玩笑说，我很喜欢打电子游戏，实际情况也确实如此。打电子游戏听起来有点儿像"极客"做的事，也不怎么有女人味儿。多年之后我才明白，为什么自己会如此喜爱打电子游戏。

我还清楚地记得那些有新游戏上线的周末（有点儿让人难为情啊），我和朋友们坐在屏幕前废寝忘食地玩到深夜（那时大学刚毕业）。玩尽兴时，整个人蓬头垢面、满脸油光，活像一个刚吸完毒的瘾君子，然后发誓再也不会这么疯狂地玩了。但第二天，又会心痒痒，忍不住会打开游戏机。直到把《潜龙谍影》（*Metal Gear Solid*）玩通关后，我才觉得是时候"金盆洗手"了。

电子游戏为什么会让人上瘾呢？我想一部分原因在于，它能让你进入一种心流状态——能给你的高度集中一种回报感。每赢一关后，就有更多的挑战在接下来的新一关里等着你。但这些挑战要有一定的难度，不能让你轻易攻破。如果挑战太简单，你很快就会走出心流状态、失去兴趣；如果挑战的难度过高，你最后可能会气急败坏，把手柄扔向屏幕，然后把剩下的比萨饼吃掉。

金钱或许不能为你买来幸福，但在很多情况下，心流可以。当人们鼓励你要尊崇内心的想法时，他们说的话有助于你进入心流状态。感觉就像是"想要去做"和"不得不做"这两种思想在作斗争。出于各种各样的原因，很多人越来越厌倦自己的工作，其中有一条就是缺乏心流。如果去麦当劳工作，在头几个星期做汉堡可能是一件具有挑战的事情（我试过，30 秒以内做好一个奶酪汉堡并不容易），但一旦你掌握了技巧，可能就会问下一步要做什么更有难度的事。如果想更上一层楼、迎接更多的挑战，我需要做些什么呢？

据美国劳工统计局的数据，每个月大约有 200 万个美国人辞职。这个数字着实让人吃惊。其中，有大约 16% 的人还在求职中。于是，很多老板认为，就业市场形势如此严峻，自己的员工是不会轻易辞职的。这些老板还真是低估了人们追求自己幸福的力量。哈里斯互动调查公司（Harris Interactive Poll）发现，有四分之三的上班族认为，如果可以，他们会选择跳槽。大约三分之一的人已经开始着手准备找新的工作。他们为什么要辞职？据咨询公司埃森哲（Accenture）的调查，最主要的几个原因是不喜欢自己的老板、讨厌办公室政治、没有被重用、没有认同感。

Work Smarts
What CEOs Say You Need to Know to Get Ahead

吉米·李的"魔鬼"训练

不少跟我聊过天的顶尖高管们都说，他们的一天是从晨练开始的。晨练能舒活筋骨，使血液流通，让大脑开始运作。

除了锻炼身体外，吉米·李还提供了另外一种工作上的锻炼方法，对你同样也有用——关键是不用流那么多的汗。在访谈过程中，吉米抽出了一张纸，上面罗列着他的工作习惯"魔鬼"训练大纲。这些大纲都是典型的吉米风格，篇幅长、直白、具体而有趣。

我从他罗列的 25 条中选取了我最喜欢的几条，因为这些也正巧解释了一些本书中的观点。

提问：当遇到不懂的问题时，别不好意思举手提问——这样才能学到东西。不论是什么样的问题，你绝不会是第一个，也不会是最后一个提出来的。

　　不要猜测：如果有人问你问题，永远不要用"我觉得……"来开始回答。知道答案，就自信地说出答案；如果不知道答案，就坦率地跟对方讲，你需要点儿时间去找答案。

　　着装得体：外表是他人最先注意到你的地方，你永远都展示出最好的一面，这也是对工作和客户的尊敬。

　　要提前安排：如果你早上到了办公室才开始计划一天的工作安排，那就已经太迟了。

　　像"魔鬼"一样做准备：准备做得再充分也不为过。要做好功课，所有事情都要做好准备。这样，一切都能让你更自信、更镇定自若。

　　心流能治愈痛苦吗？不是每一种情况都能，但如果你在做自己喜欢且值得你做的事，那就特别有帮助。我总是说，我们节目的黄金时期是这样子的：节奏超快的两个小时里，有众多的重量级嘉宾，有不断涌现的突发新闻，大家心往一处想，劲儿往一处使，为观众连续呈现精品节目是我们共同的目标。不管最后能不能得到赞誉，对于我们来说，都不重要了，因为我们自己已经很享受、很满足了，我们做了一期非常精彩的节目。

　　每当此时，我总是说："哇，两个小时这么快就过去了？没感觉啊！"那就是处于心流的状态之中。好似一切都有事先写好的脚本，一切都有条不紊地进行着，使你忘却了时间。

　　在另一个层面，表现出色的运动员把心流描述成一种突然进入佳境的感觉。巴西第一方程式赛车手埃尔顿·塞纳（Ayrton Senna）就应该是有史以来最棒的赛车手，但在撞击起火事故之后，他的赛车生涯结束了。他曾这样描述心流："我突然认识到，我不是在用意识开赛车，而是在用一种本能的天性，好似置身于一个不同的维度空间。"

幸福的人积极向上

有时候，人们把心流描述成"享受那一刻"。

行为心理学家们会告诉你，不管是在健身房里待上半个小时，还是去走一段长路，或是坐在岸边的长椅上静静地看着水面，享受的时刻越多，你就会越幸福。有人每天早上醒来冥想，还有人在午饭时间练瑜伽。"债券之王"比尔·格罗斯（Bill Gross）是全球最大的债券基金管理公司太平洋投资管理公司（Pimco）的联合创始人（已于2014 年 9 月离职），他每天早晨都练瑜伽。

"一些最好的点子都是我在做头倒立式（被誉为"瑜伽体式之王"）时想出来的，"格罗斯很平静地说，"一套动作完成后，就像开启了一盏明灯，是时候对点子进行实践了。"

巴菲特曾经讲过一个类似的事情，他也有过这种点亮明灯的时刻。2011 年，他给美国银行投资 50 亿美元的点子，就是在浴缸泡澡的时候冒出来的。后来，不少有头有脸的人物纷纷效仿，希望躺在浴缸里想出好点子，比如前美联储主席格林斯潘就躺在浴缸里写回忆录。

一个人拥有的让人享受的时刻越多，就越幸福。这些感到幸福的人通常是积极向上的。在这些乐天派的眼里，一切皆有可能，因为他们始终活在当下。维姬·希夫（Vicky Schiff）就是这样的人。她是一名地产投资商，我们是通过一个朋友介绍认识的。她非常信奉心流理论。乐观主义者总是会吸引更多的乐观主义者。

有一次，维姬来办公室找我，顺便在彭博电视台的大楼里参观拍照。"哇，你们这儿太漂亮了。"她边说边环视四周。但对我而言，这栋每天要进进出出的大楼再平常不过了。我的眼里只有工作上的事情，从来没有用片刻时间来欣赏这里的美。她的包里装满了刚从纽约中央公园玩具王国（FAO Schwartz）给她儿子买的玩具，我突然感到一丝汗颜——那家商店离我的办公室只不过隔着几个街区，但除了圣诞节外，我却从来没有时间去那儿给我的孩子买点儿东西。

维姬曾引用过一段电影台词阐述了自己对人生的看法。

"还记得《魔岛仙踪》（*Joe Versus the Volcano*）这部电影吗？"她问道，"梅格·瑞恩扮演的角色说什么来着？那段台词真是说出了我的心里话。真弄不明白，为什么会有人不珍视身边的事物。幸运随时有可能会降临。"

后来，我找到了那句电影台词。

"我父亲说，也许全世界的人都睡着了，"梅格·瑞恩扮演的角色帕翠亚（Patricia）在剧中说，"你认识的每一个人，你见到的每一个人，与你说话的每一个人，他们都睡着了。只有极少数人是醒着的，他们活在永恒不变的、彻底的、奇迹般的状态之中。"

喜欢的事情才能让你进入心流

和本书里讲到的很多事情一样，进入心流状态也是非常简单的。凡事不要想得太复杂，心流就是最不应该想复杂的。

想要进入心流状态，首先要找到自己爱做的事情。什么事情是不管有没有报酬你都愿意做的？什么事情是你做着做着就会忘我的，是读书、写诗还是烹饪？还有些时候，即使什么都不做，静静地坐在那儿感受周围的世界，也是一种享受。

"我发现，到国外旅行对萌生新点子是非常有用的，因为旅途中会遇见很多新的事物，比如试着去讲一种不同的语言，这也是一种放松，"诺兰说，"我曾经喜欢坐在一家巴黎咖啡馆里，一边看着窗外川流不息的世界，一边喝着咖啡，然后把心中萌生的好点子记在笔记本上。"

进入心流状态时，也需要给心流留时间。比尔·格罗斯每天早上练瑜伽，有人在工作开始前健身，有人喜欢自己修车，有一些人则喜欢做园艺。不管是做什么，想要进入心流状态，就必须要留出时间。

有一点需要记住：通常，心流是有目标的。心流虽是某一时刻的状态，但那个时刻是因某一个目标而开始的。我的目标是要完成这本书的写作；健身者的目标，是要完成当天的锻炼任务；工作中的目标，可能是要完成某个关于市场情况的介绍。通往目标的过程就是心流，这个心流也促使你去完成目标。

Work
Smarts

03

高管的箴言

What CEOs Say

You Need to Know

to Get Ahead

Work
Smarts
What CEOs Say
You Need to Know
to Get Ahead

- 没有人希望看到一个潜在的候选者总是在跳槽。除了硅谷，高增长就意味着高营业额，很少有 CEO 会认为在一个公司短时间工作会对一个人的职业生涯有利。
- 一个好的决定，要在了解了充分的信息后才能做出。一旦意识到自己错了，就必须马上改变决定。
- 你要花 15 分钟跟你们公司的 CEO 碰面，你最好能多展现你能为他们做什么，而不是打探他们如何看待你。

第 9 章
这才是真正的 CEO

　　一位商人曾对我讲过，成为《财富》杂志全球 50 强 CEO 比成为一名专业运动员要难得多。他说："通往商界金字塔顶端的道路，要比通往精英运动员的路更难走。这是不是说明了什么问题？"

　　此前，我从没有像他这样想过，但反复思索这句话后，就会觉得他说得对。想要成为高层管理人员，就像任何一场体育赛事，需要去竞争。比赛中，只有赢者才能笑到最后。小型投资银行 Loop Capital 的首席执行官吉姆·雷诺兹和很多芝加哥的专业运动员都是朋友——包括前超级碗橄榄球赛的冠军、篮球明星、职业高尔夫选手等。

　　"其实，每一名专业运动员都是一名企业家，他们的公司就是他们自己和他们的身体。身体一旦倒下，公司就会垮了，"他说，"年轻的运动员，敏捷且有速度，还有过硬的基本功。他们要学着如何去做事情，也要学着如何避免使自己的身体超负荷运行；要学着更好地去参加比赛，也要学着察言观色。这也正是 CEO 的处世之道——他们要在商界的比赛中名列前茅，每一次都要打胜仗。此外，还有成千上万双眼睛紧盯着，随时准备取而代之，如科比·布莱恩特（Kobe Bryant）或者勒布朗·詹姆斯（LeBron James）。当你不再是职业运动员，或者暂时不当运动员时，你就会打开心扉，对竞争也释然了。但你的精神还一直处于比赛中……作为一名 CEO，你要了解对手的策略，在市场中，他们下一步会怎么做。我把很多精英运动员拿来和非常优秀的 CEO 和企业家作类比——仔细想想，他们之间几乎没有什么太大的区别。虽然是在不同的领域里做事，但策略都极为相似。"

听到他的一席话，我立马就认识到，成为一名 CEO，好的体魄是必不可少的。

"身体部分其实是最难的——难度来自方方面面，"摩根大通集团的杰米·戴蒙说，"不管你到什么地方，你都是处于备战状态。虽然身后有一支很强大的团队，但 CEO 往往还是要亲自和多个政府部门打交道、要接受采访，要与客户会面。就算可以得到公司遍布于世界各地所有高管的帮助，但站在最前、处于最核心位置的，还是你这个 CEO。"

这样的话我听过不少。纯粹的职场自然生存法则是令人畏惧的。Qwest 前首席运营官特蕾莎·泰勒曾这样描述过："我从来不知道我的日程是怎么计划的，原因你也知道，有些事情早在一年前就已经安排好了。现在，每天我的秘书会给我一张日程表，然后一项接一项，没完没了的。我没有很多选择，因为我有很多责任和义务不得不去履行。我想，当我离开办公室的时候，我是不是就能决定做什么和不做什么？离职后，最大的好处就是，和我共进午餐的人是我自己选的，而不是那些被人安排好的非得一起吃饭的人。"

Work Smarts
What CEOs Say You Need to Know to Get Ahead

问老板：你是怎么招人的？

CEO 们或许不能指导我们具体的工作，但他们肯定可以说出是如何评价和看待员工的。

比如，当他们招人时看中什么？

"好学历会加分。" WPP 的 CEO 马丁·索罗这么说。WPP 是世界上最大的广告公司之一。他招了超过 17 万名员工。"很显然，不是所有人都有接受良好教育的机会，或是因为没有足够的资金，或是家庭的环境不太好。我很看重本科与硕士教育，有过商学院的教育经历也很不错。我常说，如果有两个条件差不多的应聘者，我会选择商学院的毕业生，而不是那个非商学院的。这个观点很多人不理解，觉得有点胡闹。但是我觉得，如果有人付出努力进入商学院，并且在一个好的学校里花了两年多的时间思考关于商业的问题，那么十有八九这些毕业生会更加优秀，况且进这些学校本身也是要经过筛选的。"

很多人都提到了连贯性的重要性。没有人希望看到一个潜在的候选者总是在跳槽。除了硅谷，高增长就意味着高营业额，很少有 CEO 会认为在一个公司短时间工作会对一个人的职业生涯有利。

"我想你不能忽视他们的在校成绩，这是首要的也是最重要的一点，"艾弗考尔投资银行的拉尔夫·索斯特恩说，"他们在学校的表现如何？这是招聘中首先要考虑的。还要看他们兴趣的广泛度。和一个人面谈，我通常在五分钟内就能从他的眼神是不是放光，以及对他们的好奇与兴趣程度，判断他是不是我想要的人。

"我不太喜欢简历上有四五家公司的人。每次我们招人的时候，我的想法是希望他们在我的公司里一直干下去。但如果一个人已经在五家公司里任过职，而你又雇了他，那么很可能两三年后他们就去第七家公司了。"

我想这种看法也存在几种例外情况。一个是当你年轻时，会经常跳槽。我当年也是这样，大学毕业后的第一份工作只做了四个月，第二份工作做了两年。之后我每两三年就会换一份工作。我在哪儿都不敢买房，因为我想可能过不多久就又要离开了。但拉尔夫认为，在有了成熟的职业观和找到自己真正想做的事业后，你就会一直坚持下去不再跳槽。

其他跳槽的原因可能是，你换了一个行业并且全部从头开始再来，或是你被解雇了而你需要一定的生活保障收入，甚至是之前的那份工作你压根儿就不喜欢。上述这些跳槽原因在面试中向老板解释起来并不难。

埃隆·马斯克说，面试时他只问对方两个问题。

"第一个问题是介绍一下自己的职业经历，"他说，"他们为什么做出从一个岗位跳到另外一个岗位的决定。第二个问题是举证说明他们身上有何独特的才能，学术方面只是其中的一个特质。"

和其他特质比起来，他所想要寻找的是赢得比赛的特质。

"这可能比学术更重要。如果有人自己设计并制造了一辆赛车，然后用这辆赛车赢了大学生方程式汽车大赛，那要比他的 GPA4.0 更有价值，也难得多。"

后来我发现，埃隆说的这个人现在是特斯拉结构组的负责人，他曾在大学生方程式大赛中获胜，而且他的成绩也几乎是全 A。

当被问及最看中候选者哪些方面时，杰米·戴蒙说他在乎的不是简历，而是故事。

"我经常说每个人都是一本书，"他说，"你现在就是一本书。我并不知道你是一本什么样的书，但如果我想知道，那么我甚至不需要问你。我可以问你的朋友、上司、同事、下属、前合作伙伴，你是不是守时、值不值得信任、是否信守诺言、是不是一个好朋友，这些我全都能知道。我们每个人都在写自己的书。这很神奇——你几乎都不用见那个人。"

杰米还说，如果你跟足够多的人沟通过，你就会对这个公司有一个基本的了解。

"我刚来这儿做的一件事就是带每个人出去（吃早饭、午饭、晚饭）。我开始了解公司里的人……我会问你看什么书？你一般跟谁聊天？最近有什么进展？在公司里你信任谁？通常在一段时间后，或是几杯马提尼后，你会很惊讶地发现，他们口中说的值得信任和不值得信任的人，竟然是同一拨人。"

"同样的名字出现了？"我问道。

"同样的名字和同样的场景。"他回答。

吉姆·雷若兹有一个有趣的标准，这也和他企业的高增长率相契合。

"我看的第一件事是他未来职业道路的宽度。这个人能跟上我们未来的发展吗？并不是当下的。我知道我们的公司正在快速地转变，并且我们在寻求机遇收购企业做不同的事情。那些应聘者未来道路的宽度能不能符合我们的要求呢？

"另外一件重要的事情是他们的团队合作精神如何。他们是不是只在乎自己而且只做自己想做的事情，或者当他们完成一件任务时他们说的是'我们完成了，我们做到了'，还是会说'我做到了，我带领了整个团队'。"

"你如何从面试中看出这些呢？"我问，"所有人都会说他们有团队精神。"

"这就回到了倾听。当你听到人们说'我让这个实现了'或是'我做了这个'，如果你要继续深挖下去，就仔细听，他们用的是'我'而不是'我们团队和我'。这就再次回到了那些诱导性的问题。我会问'在交易台上，你们如何合作'，然后他们也许会说，'不，我用自己的资金自己做这个……'或者你问'你们做了哪些调研工作'，他们又可能会说'我自己做调研工作，部门在做调研方面缺乏经验'，你只要听好他们的答案就行了。"

每个 CEO 都承认他或她在招聘时犯过错误。没有什么公式是万无一失的。

"我想我犯的最大错误是在我年轻的时候创办企业时，我过于关注一个人的个人能力而忽略了他对身边人的影响，"埃隆说，"我是说，这可能有点儿愚蠢，因为你应该要一直考核一个人对公司整体的影响，以及他们是如何影响他人的。在 PayPal 最开始起步的时候，那时候还叫 X.com，我招了一

ork Smarts: What CEOs Say You Need to Know to Get Ahead
对话最伟大的头脑：世界顶级 CEO 的工作智慧

Work
Smarts
What CEOs Say
You Need to Know
to Get Ahead

个非常聪明的人，但就是人品不怎么样。他特别喜欢指使别人……这在公司刚起步时真的对企业造成了不良影响。实际上，在特斯拉刚起步的时候我也犯了同样的错误。所以在你看重某个人的能力后，你也应该想一想他是好人吗？这实际上非常重要。"

拉尔夫·索斯特恩说他的公司有一个"无蠢货规则"。

"有时候我们会说不礼貌的公司没有混蛋（大笑）。我和合伙人热衷于这个。我记得我们去年面试了两个人。罗杰·奥尔特曼（Roger Altman）和我一起面试的。毋庸置疑，他们都非常有才华，也能为公司带来很多的利润。在见了他们之后，我们都说我们无论如何也要招到他们。之后我们去他们之前工作的地方继续核实，回来后发现他们两个人都是明显的'自我型'而不是'团队型'。然后我们就没有继续合作下去。"

"很明显这些人都很有才华。"我说。

"是的，他们极其聪明，但不能以我们公司的企业文化和团队合作为代价。你也知道，尽管我们这行的确有很多人都很看重自己，有些我面试过的人觉得自己是一个传奇（笑）。但是投行真的需要团队合作，很少有人能清楚知道所有的事情。"

就我而言，市场也会有那样的压力。干电视这行，你永远都要在镜头前呈现最好的自己。你不能垂头丧气板着个脸走进演播室，即使你的外婆去世了，你也没有理由蓬头垢面地上节目。你要时刻以最好的状态准备着，盯紧手中的任务。但在某些特定的时刻，你可以松懈一下。当节目结束、演播室里的灯光渐暗，你就能重新做个"普通人"了。而 CEO 们却不行，不管他们在哪里，他们代表的都是公司的形象。此外，外表、评论，甚至是一个笑容，都能被员工以成百上千种不同的方式解读或误读。再加上公司股票价格波动的压力，所以就不难理解，为何当一名 CEO 需要具备运动员般的健壮身体。

克里斯·伯奇是 C.Wonder 公司的 CEO，曾帮助前妻托里·伯奇一起创立了他们的时装品牌。他说无论走到哪里，都有人向他推销点子。

"我并不介意，因为这也是我工作的一部分，"他说，"但太多了也会有点儿受不了。"

"很经常吗？"我问。

"有时候一天能有 20 个人。有些是认识我的人，向我推销他们的商业点子。我喜欢这样，我也是很开放的。我喜欢和人打交道，我也希望他们能够成功。我真的很在乎他们。"

"我以前一直认为，CEO 就是那个坐在那里做出重大决定的人。"AOL 公司的 CEO 蒂姆·阿姆斯特朗说，当时正处于公司重组的阵痛期，"不管是在大公司还是在小公司，很多人都没意识到，CEO 的工作到头来其实是一个团队合作的工作。这是我当 CEO 以后最惊奇的发现。要说这工种哪儿不好，那就是有时候一些决定只有你自己能做。还有时候，做决定并不是一件愉快的事情，尤其是你不得不把团队的利益放在自己个人感受之上时。"

"我的一个朋友刚当上一家大公司的 CEO，"杰米·戴蒙继续说道，"我告诫他，有两件事情需要注意。第一，你不能再向任何人抱怨工作上的事情，因为你是最高级别的职员……第二，当有人向你汇报工作时，即使你不认为自己是在做决定，但边听边点头会被认为是默许。有人可能会跑进办公室，给出 A、B、C、D 四个方案，我如果点头，那个人走出办公室后，就会认为以上方案全部获得同意了。CEO 有否决权。"

我要他解释得详细些。

"也就是说，比如你走进我的办公室，然后说'我打算买进这个，卖出那个，调查这个，商讨那个，支付这个'。我其实都不用张嘴说一句话，这实际上表明我没有反对，你所说的都通过了。"

"当了 CEO 后，你就是那个做决定、给通过的人，除你之外，没有其他人能有这样的权利，"他补充道，他转过身，带动了身后的空气，"很多大型公司其实都没有真正的发展路线图。所以你能看看之前都发生了什么，你能看看别人以前都是怎么做的。并不是每一件事情都需要路线图，尽管看上去似乎需要。有时候会有很清楚的路线图，但通常不会有，你必须随机应变。"

说到这儿，也就引出了下一个话题，我采访过的很多 CEO 都说，CEO 这个工作其实很孤独。

"在思科，我有一支很棒的队伍，每个人能力都很强。但作为一个公司领导，每当遇到棘手问题时，还是得靠自己，"思科集团 CEO 约翰·钱伯斯说，"这并不是说那个时候你不需要团队的帮助，并不是说不需要听取团队或董事会的意见，但是领导必须知道什么时候压力会真正来临。这是世界上最孤独的职业之一。你可以随便去问一个在一线打拼的 CEO：'当领导真的很孤独吗？尤其是在有压力的时候？'如果你问的这个人是当过 CEO 的，你就会看到他们极力赞同的眼神，连瞳孔都会放大。真是很孤独。"

一家研究咨询公司曾经访问过一组 CEO，其中半数人同意约翰·钱伯斯的观点。RHR 国际 2012 年的一项研究显示，受访的 CEO 中，有 50% 的人掌管的公司每年收入超过 20 亿美元，他们坦言在工作中很孤独。61% 的人相信，孤独感会阻碍他们的表现。尤其是刚当 CEO 的人，情况更糟。

显然，这不是什么新鲜事。威达信集团（Marsh and McLennan）的副主席大卫·纳德勒（David Nadler）给很多 CEO 提过建议，在

1998 年出版的《决策团队》(*Executive Teams*) 一书中就曾经描述过这种孤独。

"20 世纪 80 年代中期,即使是一个没经过什么大风大浪的人,也能轻而易举地当好 CEO,"他在"CEO 的世界"那章(这个标题很恰当)里写道,"20 世纪 80 年代中期至 20 世纪 90 年代早期,随着美国经济的重振和外来竞争者的日益增多,CEO 们很可能会陷入一种循环中,要应变处理各种源源不断的事务……我们不能低估这种责任给 CEO 带来的负面影响,尤其是个人层面上的。"

为了进一步阐释这种孤独感,大卫·纳德勒为 CEO 们绘制了如下这幅图。看到这张图,我的第一感觉就是,一只"能看到风暴的眼睛"。

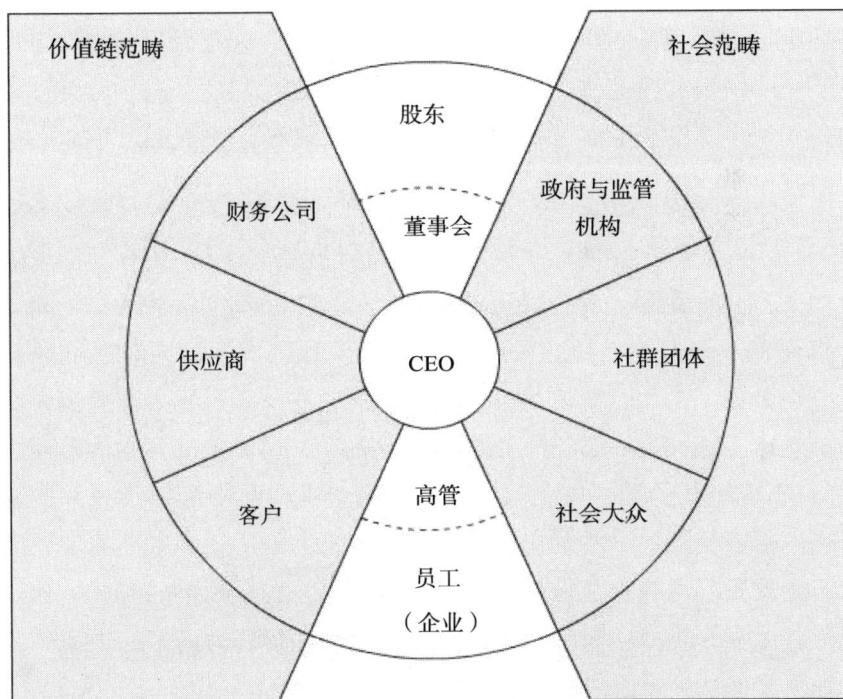

十多年过去了，CEO 们身上的压力已经呈几何数倍增——外资竞争对手、股票价格波动，还有那些棘手的股东。在写作本书时，杰西潘尼百货公司的 CEO 罗恩·约翰逊刚刚被撤职，原因是他的经营策略并没有让公司扭亏为盈。CEO 的职位，他当了 17 个月。同样，比尔·林奇（Bill Lynch）在巴诺书店（Barnes & Noble）公司当了三年 CEO 后也被解雇。他侧重在电子书市场布局，但并没有取得什么效果。很多人，包括诺兰·布什内尔在内，都在为苹果公司的 CEO 蒂姆·库克倒计时，说他只有一年到一年半的时间来证明自己能否继续推出乔布斯式的产品。

仔细想想，2008 年的金融危机其实是一个试金石，它可以让我们看到哪些银行的 CEO 是最优秀的，哪些是最糟糕的。是谁在危机中跌倒，又是谁趁机而上？我们很快看到，像美林证券的斯坦·奥尼尔（Stan O'Neal）、花旗银行的查克·普林斯（Chuck Prince）、雷曼兄弟的迪克·富尔德（Dick Fuld）——这些人此前一直都做得很好、万事太平——纷纷在瞬间倒下。此后你再也听不到他们的消息了，他们就像在空气中蒸发了一样，一同消失的还有他们银行里的几百万美元。

然而，还有其他人，比如摩根士丹利的约翰·马克（John Mack）、高盛的劳尔德·贝兰克梵（Lloyd Blankfein），还有摩根大通集团的杰米·戴蒙，他们之前都嗅到了即将到来的金融风暴，能够全身而退。他们能在危急的逆境中使公司站稳脚跟，同时还能收购一些小公司。贝兰克梵最后沦为了阶下囚，在《滚石》杂志撰稿人马修·泰比（Matthew Taibbi）的笔下，他的公司是一条"巨大的吸血鱿鱼"。不可否认的是，贝兰克梵也曾让高盛在危机中渡过难关并脱颖而出。尽管受到公众质疑，但仍旧数一数二。经历过金融危机后，杰米·戴蒙看起来有点儿像打不倒的巴顿将军。我见到他的时候，他正面临着另一个挑战：因为伦敦交易丑闻事件，愤怒的股东们正迫不及待地要把他从主席的位子上拉下来。

第 9 章
这才是真正的 CEO

"对我而言，金融危机让我们看清楚了哪些 CEO 是好的、哪些 CEO 是坏的，"吉姆·雷诺兹说，"在其位，谋其职。那些好的 CEO，他们是真正有远见的人。因为你坐在那个位子，你的责任也在那儿。每当关键时刻，你不能指望其他人。一个公司只有一个这样的位子。你必须要目光长远、精力集中、自律自省、激情永驻、才智非凡，同时还要有自知之明，充满自信。千万不能傲慢自大，不然你会误入歧途。一个好的决定，要在了解了充分的信息后才能做出。一旦意识到自己错了，就必须马上改变决定。"

"我想，我会问其他的 CEO，'你身边的那两个、三个或者四个祝你成功的得力干将都是谁？'"奢侈品销售公司 Gilt 集团的前 CEO、美国在线的现任老板苏珊·莱恩说，"如果没有强大的公司内部团队，大多数 CEO 将一事无成。这并不是说，只需要那些直接向你汇报工作的人。我更喜欢的是，各种不同的人汇集在 CEO 的办公室里一起商讨事务。"

"我问其他的 CEO，你是怎么经营公司的？我给他们打电话，然后问，'你都做了些什么？你到底如何运营公司？'"杰米说，"听到的回答会让你大吃一惊，有些 CEO 根本就不召开正式的会议——比如巴菲特。还有些人，他们经常在大马路上或者直接在市场里开会。正式的会议未必能比其他形式的会议更有效率，但我总是问些成功的公司老板，你是怎么做的？"

"你有没有效仿过谁？"我问。

"没有，但我通过观察别人学到了不少。我以前的同事鲍勃·立普（Bob Lipp，摩根大通集团前董事会成员）就很善于与人打交道。鲍勃曾有过交流障碍，他会把很幼稚的便签贴到墙上，我就看到过一两次。但他的这些行为都能取悦于人。这就是他消除官僚氛围的办法。我记得，每到年末，鲍勃都会给 50 个分公司——打电话，恭喜他们出色的业绩，然后问他们是如何做到这么好的。于是，我就学会了要与人分享经验。"

"我以前从没当过 CEO，但我管理投资银行已经差不多 20 个年头了，我职业生涯的大部分时间都是在给 CEO 提建议。"在摩根大通集团大楼里，离杰米·戴蒙办公室不远的吉米·李说："我很赞同'高处不胜寒'的说法，高处也有凛冽的风。这就是为什么你需要组建一个强大的团队，而且要确保这个团队和他们下面的人都在做同一件事。有句法国名言说：'墓地里躺着的都是举足轻重的男人和女人。'[1]"

关于孤独感和孤立的讨论，能让办公室变得更人性化一些。我们绝大多数人都有自己的老板——他们是那些做决定的人，是在很多方面决定我们未来职业道路的人。但我们也有很多同事要去社交，还有很多可以向其寻求建议的导师。CEO 在他们的组织里是最后做决定的。他们坐在桌子中，很难想象，如果没有很多人帮你决策，那会是一件很可怕的事。

Work
Smarts
What CEOs Say
You Need to Know
to Get Ahead

问老板：开放办公用意何在

大部分 CEO 都说他们是开放办公，但事实如何？

"我那个办公室 20 年来从来没有关过门。我想，公司的开放办公理念就源于此吧，"山姆·泽尔说，"通过这样的实际行动是想告诉大家，谁都可以来找我，所有人都能进来跟我谈任何事情。大约十年前，有人送了我好多 M&M 巧克力，我就把它们放在桌子上的碗里。现在，很多人走进我的办公室，拿一些 M&M 巧克力就走了，经常都不跟我打招呼。

"我真正想说的是一种接近性。事实上，我和所有人都有交流，我能看

---

[1] 本句出自戴高乐语。原文是 The graveyards are full of indispensable men（墓地里躺着的都是举足轻重的人。）

到经过门口的人，然后他们会和我打招呼，这说明你融入其中了。在很多公司内部，接触面其实非常狭窄，人们一般不会跨级沟通和互动。如果你是CEO，你有 5 个直接向你汇报的人，这些就是你日常唯一联系的人，也成了你唯一的信息来源。"

事实上，我们大部分人都在一个等级制度的公司上班，但这并不意味着CEO是高不可攀的。我在不同的公司待了很多年，从来没有想过会直接敲CEO的办公室门，然后聊一会儿。但很明显，这事儿发生了。

"我必须告诉你我很吃惊，公司的年轻人毫无压力地直接走到我办公室，要见我，"特蕾莎·泰勒说，"而且我总会接受，因为我总是对这种会面很好奇——只要有胆量去做就可以。如果他们有胆量拿起电话，跟我的秘书说'我需要时间跟她聊聊，我是企业的基层管理者，我理应有这个权利'，这是他们大多时候的态度，我就会说'让他们进来吧。'"我很好奇这些谈话有什么成果。

"我很确定这和他们期望的不一样。因为这些对话一般这么开始，'公司会为我做什么，对我的职业生涯有什么帮助？'你一般会听到'我''我的'这些词。然后我一般会说，'什么都不会。你打算怎么办？'听到这句，大概一半人会走出我的办公室，然后说，'太糟了，我的天，我在想什么呢？'另一半的人会说，'太感谢了，我很感激。'一般这样的人我日后还会跟他们有接触。"

这是特蕾莎一个很好的建议。你要花 15 分钟跟你们公司的 CEO 碰面，你最好能多展现你能为他们做什么，而不是打探他们如何看待你。我想起了苏珊·莱恩说她总是容易被那些能给她提供反馈的人吸引，特别是那些本不用向她直接汇报的人。

这是一个很微妙的界限。面谈时，CEO 会思考为什么你在那儿。哈维·葛洛柏说他在美国运通的时候，"所有人都能够接触到我，但是如果一

Work
Smarts
What CEOs Say
You Need to Know
to Get Ahead

些不直接向我汇报的人来找我说'我想和哈维见面'，我的秘书一般会问'有什么事吗'，她或许会安排见面。如果那个人是来抱怨他的上司的，我会说，'好吧，我们把你的上司也叫过来，让他也听听你是怎么说的。'你要小心处理这些事情，不要滥用了领导的权利。"

哈维是一个友好但慎重的人。跟他简单接触并共进午餐后，我发现他还是一个很有思想、很坦率的人。可以想象，他能跟很多人相处得很好，但也有人不行，这就是人际交往的现实。有些人你可以轻松地与其沟通，有些人则不能。有些 CEO 你可以很简单地跟他们一起在办公室里坐下交谈，而其他人，好吧，可能还要去查一下日程。

很少有 CEO 会像杰米·戴蒙和沃伦·巴菲特这样易于接触。我之前提过，沃伦是稀有的"摇滚明星"式 CEO。投资者会穿过大半个地球来奥马哈和他见面。运动员、名流、亿万富翁都来见他，听取他的意见。在伯克郡的年会上，U2 的领军人物博诺（Bono）漫步在 CenturyLink 体育场馆的圆屋顶下，听巴菲特的演讲。

每年，会有能坐满好几架飞机的学生前来拜访他，就好像巴菲特是他们唯一的外国交换项目一样。

"学生们总是会问我，我是怎么找到（自己喜欢做的事情）的？"巴菲特说，"我就告诉他们，你只要不停地寻找，你看到它时你就知道了。我不能保证这是明天、下周，或是明年。"他提到再过几个月他又要接待中东来的另一批学生了。

杰米·戴蒙在全国各地考察时也在摩根大通集团的大巴上接待雇员，拜访客户和分公司。2013 年 2 月，在奥斯汀、得克萨斯的时候，他翻开领子，扔掉领带，穿上了牛仔靴。

"我跟他们说当他们在大巴上的时候是有豁免权的。我们分组进行，这很有意思。我经常在开始时说，'你们肯定带着目的而来。告诉我，我们能在哪儿做得更好，在哪儿搞砸了。'我告诉他们一些别的组提到的愚蠢现状。然后他们都笑了，因为他们也被同样的事困扰着。"

"你之后还会听到他们的消息吗？"我问。

"当然，我收到他们的邮件和其他意见。我们追踪他们的想法。我们密切关注每一个点子，所以他们知道我们不是闹着玩的。"

我问他有没有什么一直追踪着的例子。

"有上百个。我们学到了出纳应该包含在出纳系统的设计中，因为他们才是真正用这个系统的人。一个出纳告诉我，她和她的同事要看整个账户的开户过程，再通过另外一个程序查看这个客户能不能享受这个服务。事后来看，很明显，我们应该转换一下客户申请的顺序。从那之后，我们节约了上千个小时的时间。还有上百个类似的例子在不断涌现。"

几个月后，杰米·戴蒙以超乎预期的多数票赢得了投票，轻松连任主席。媒体争相报道说"杰米崇拜"已经根深蒂固了。一个金融博主问："杰米是不是已经大到不能被炒鱿鱼了？"这些新闻都不可避免地引起了另外一个问题：如果杰米被公交车撞了会发生什么事？谁会顶替他的位置？

对于一个 CEO 而言，总是有各种各样的问题需要回答。

"只要当上 CEO，你就会立即意识到，在做决定的时候，不会有心照不宣的默认，"杰米说，"尽管你有公司的董事会，但他们不会每天跟你一起决定日常事务。"我想起了巴菲特曾经说过，如果董事会干涉他的工作（插手工作），他就会告诉他们，老老实实坐着，别动（坐在那儿，别过来）。

另一位 CEO 沉思地说，只有在对某事犹豫不决、内心感到恐慌时，他才会向公司的高管寻求建议。"他们对你现在做的事情比较了解。如果你告诉他们，你不知道某事到底行不行得通，他们立刻就会变得担忧起来，并且想知道你到底能否胜任领导角色，公司又会走向何方。"他说。

即使是 CEO 们向比他们职位低的人"不耻下问"，那也不一定就能保证永远可以得到正确的答案。拉尔夫·索斯特恩是华尔街上的艾弗考尔投资银行的 CEO，他说从当 CEO 第一天开始，他就注意到了这个问题。

"我想说，当上 CEO 后，我收获最大的（在此之前可能收获寥寥）可能就是，要让人们给出他们最坦诚的意见你需要付出多大的努力。"他说，"对上级唯命是从，这是一种自然天性。你得知道，有些人是绝不会告诉你真实想法的。但这与他们经常对你撒谎不同。他们只是不想因为表达出与上级相左的意见，从而影响自己的事业。"

于是我问他，如果有人要表达不同的观点，那应该怎么办？

"首先，要仔细想清楚你要如何去表达，各个方面都得想周全。我还想说，这种事通常最好是在一对一的私人谈话中讲比较好。"

特蕾莎·泰勒是 Qwest 的前 COO，他与拉尔夫·索斯特恩的感受类似。

"每个人都为你过滤信息，"她说，"当事态并不是那么好的时候，每个人都想告诉你万事大吉。就像是精心安排的一样，所以真的很难了解真实的想法。"

她说，她会走出办公室，亲自"下基层"转一转，看看公司的真实情况到底是什么。

"有时候我会站在员工办公室的后面，和一些人攀谈。过一会儿，他们会说，'你看起来很面熟。'然后我说，'哦，是的，我也在这里上班。'我会尽量保持低调，因为这样才会让别人跟你敞开心扉。所以，毫无疑问，当 CEO 是一份孤独的工作。"

当然，还应该提供一些额外的待遇——优厚的薪酬福利、像公司商务机这样的便利设施，以及被邀请出席重要活动的各种小惊喜。"当你走进房间，人们会问你需不需要健怡可乐。其实他们早就知道你喜欢健怡可乐。这其实就是在满足你的个人欲求。你知道吗？所有这些小事都是一种追求自我满足的事情。"特蕾莎说。

健怡可乐：CEO 的选择

如果有什么话题可以贯穿我和 CEO 们的采访，这就是他们白天似乎都喝同样的饮料——健怡可乐。

我知道沃伦·巴菲特喝可乐，尤其是樱桃味可乐（他已经在可口可乐公司的董事会 17 年了，而且他是最大的独立股东）。

其他的 CEO 们还提到了健怡可乐。埃隆·马斯克在冰箱里储存着这种可乐。或许健怡可乐是新的黑咖啡。

约翰·钱伯斯喜欢转着健怡可乐的瓶子，他把这个当作一种休息方式。

"我要参加很多会议，每个会议之间的间隔几乎都不超过 5 分钟，有时候甚至不到 30 秒，"他说，"所以我本能的做法是，走出去拿一罐健怡可乐，然后再回来。这样我就有时间准备我的下个会议的问题，在我走进会议室前结束上一个会议。"

他说这么做的效果很好，但后来"人们开始给我带健怡可乐，我就不用自己出去拿了"。

如果这些追求自我满足的条件提供得不够多，那还会有人去 AIG 当 CEO 吗？答案是肯定的。2008 年金融危机时，AIG 或许是最受诟病的一家公司了。他们的金融产品部门几乎让整个金融系统崩溃，上百万美国人失去了工作。当时，已经从美国大都会人寿保险公司 CEO 的位子上退下来多年的鲍伯·本默切，正在克罗地亚的葡萄园种植葡萄过着悠闲的退休生活。有一天，他接到电话，政府已经别无选择，想让他接管 AIG，因为没有人愿意收拾这个烂摊子。就像电影《蝙蝠侠》里的情节一样，纽约警察局需要找那个隐居的、神秘的人物来拯救世界。只不过，在这个现实生活的版本中，"蝙蝠侠"是一位满头银发的前保险公司 CEO。

"62 岁的时候，一切都挺好的……我想开始过自己的生活，"鲍伯·本默切回忆说，"我和妻子已经分开很长时间了，我又有了一段新的感情。这对我来说很重要，我想知道生命的意义究竟是什么。有一次，我对汉克·格林伯格（Hank Greenberg，AIG 前 CEO）说，'我们给大都会保险做了个调研，我会把结果告诉你，但这是个秘密。经过几年的研究后，我们发现，所有的调研对象都去世了。我们不仅发现了这点，同时还发现，这些保险他们去世了也不会带走。'所以，你得问问自己，'什么时候才能被满足？'寻找生命中其他的快乐，所以我选择专注于我在杜布罗夫尼克（Dubrovnik）的家……我建那个葡萄园花了 6 年的时间。"

"我从 2006 年开始着手这件事，搭建了两个葡萄园。我决定要成为一名酿酒师。所以，我开始种植葡萄，看看葡萄到底是怎么长成的，"他继续说道，"这个过程有点儿无聊。那时我已经退休三年了，生活过得很美好。"

在被 AIG 董事会和政府官员说服后，鲍勃接手了这项力挽狂澜的工作，"我告诉每一个人，我会唱黑脸，甚至会有些咄咄逼人。我会抱怨前人所犯下的各种错误，但我也会收拾这堆烂摊子。你必须明白，如果有人问我为什么要这样，我会说国会里的那些人都是混蛋。"

以上这些话是鲍勃第一次和 AIG 员工们见面时讲的。他认为国会里满是"疯子"一样的人，如果法律制定者要他们去华盛顿作证，他们会"永无天日"。这些引语在国会大厅里回荡，也让鲍勃同时成了捣乱者和英雄。

"很显然，在华盛顿没有一个人想靠近我，但这恰恰让我对伊利亚·卡明斯（Elijah Cummings，马里兰州民主党国会议员）的言论感到意外。在舆论普遍对我不利的情况下，他在一次电视访谈中说道，'你看，鲍勃是个很有声望的人。即使你不同意他的意见或要攻击他的时候，应该先问一下自己是否已经完全了解了他的意图。他只要不恩将仇报就好。时至今日，我也没什么要说的了，让我们拭目以待，看他会怎么做。'从那后，我再也没听到国会那边有什么风言风语。我之所以讲这些，部分是为了让公司的人明白，我有一种无谓的态度，我要收拾残局。我到这里就是来做这些事的。"

鲍勃当时的痛苦经历，让我想起了三年后杰米的遭遇。2012 年，一小撮痞子交易员引发的伦敦鲸事件导致了近 60 亿美元的损失，差点儿断送了整个公司的命运；也让我想起了 20 世纪 80 年代的巴菲特是如何把经历了交易欺诈（还有政治迫害）的所罗门兄弟公司扭转过来的。就像杰米对一位 CEO 说的那样，没有路线图、没有人可以传授给你这方面的经验。

"我想告诉人们，你需要在这一刻马上忘记心中的恐惧——不是等到下个星期、下个月，而是现在。我跟你举个例子，"鲍勃边说边往后靠，"有一次，一个人情绪很激动地哭着对我说，'鲍勃，我上三年级的女儿被叫到讲台上，老师当着全班学生的面说，这位女同学的爸爸是 AIG 的高管，这家公司几乎毁掉了全美国的金融体系，但这位同学却并没有为他爸爸的所作所为感到悲哀。鲍勃，你说我该怎么办啊？'……我们公司金融产品部的一位员工给我写过一封感谢信，感谢我在他事业和其他方面给予的帮助，我这儿还留着呢。"鲍勃说着就掏出了他的黑莓手机，"'你在这儿的工作做得很出色，对我而言，见识到这一点首先是在惠尔通（Wilton）的时候。'应该是 8 月 10 日吧，我到任后的第一天去了康涅狄格州的惠尔通，因为那个地方的居民普遍认为，似乎美国政府所做的一切都是错的，当地的反感情绪最为激烈。这只是我收到的众多邮件中的一个。"

"人们都能这样自由地给你发邮件吗？"我问道。

"是的，我收到过很多邮件。"

"你是不是每封邮件都回复呢？"

"每一封我都回。"

"真的吗？"

"而且还回得很快……除非我是在开三四个小时的长会。我浏览邮件的速度很快，因为我觉得及时回复是最重要的事情……收到我的回复也是一桩大事。正因为我是 AIG 的 CEO，我才能收到那么多邮件。和收到我秘书的回复比起来，收到我亲自给出的及时回复是一件要事。

"在以前，我还收到过邮寄过来的信件，我会手写回复。现在我不会这样了，因为实在没有时间。以前的确会手写，最后签上'谢谢您的来信，鲍勃'等落款。收到我回复的人，有的会把它放在办公桌上，他们会说，'这是鲍勃写给我的……你觉得他没有看我写的东西？不，他肯定看了，他还亲手写了回复呢。'不是正式的信笺，不是秘书代笔，而是我自己的亲笔回复。应该很少会有人像我这样坐下来去写吧！说不定哪天时不济我，也不会落得个骂名，至少留个美名，说我是个好接触的人。不要忽视周围的任何一个地方，你不知道我会去哪里，我什么时候会到那里。这也是一种让团队保持警觉的方式。"

我问鲍勃，当 CEO 是一种什么感觉时，他想了一会儿后说："你知道达摩克利斯之剑吗？"

我摇头。于是，鲍勃给我讲了这个古希腊传说，一个叫达摩克利斯的侍臣嫉妒他的国王。

"他对国王说，'您过着世界上最好的生活，您看，一派歌舞升平、富丽堂皇的景象，'国王答道，'好吧，如果你真的想知道我的生活是什么样子的，那就来看看吧！'于是，国王让达摩克利斯穿上王袍、戴上王冠，坐在了宴会桌旁。然后，他发现头顶上方悬挂着一把巨大的利剑，居然只用一根细线系着。他知道，这根线随时可能断掉，他会随时丧命。在这样一把利剑下，他坐立不安，但他也终于知道了当国王的感受。当 CEO 也是一样的，头顶上总是有一把达摩克利斯之剑。你可能会觉得，这把剑是你为自己准备的，但这种想法是错误的。你要找到一条持续前进的道路，你要引领方向，你要意识到，全公司的人现在都接受你的领导，你要对他们的生活负责。你来到公司的时候，一切都很好，很多人围着你。你走进自己的办公室，欣赏着精致的装潢，享用着美味的午餐和晚餐等。但迟早，你是要经营公司的；迟早，当公司出问题的时候，你要知道如何去补救。"

什么阻碍了你前进

Xerox 的前 CEO 安妮·穆卡尔西开玩笑说，CEO 们最后将死于私募股权。

"我说过，有一件事我不会做，"她说，"若一个 CEO 退休之后加盟私募股权，那就像是一种濒死的状态。"

这个观点很有意思。当你成为自己领域里的国王或女王后，会发生什么呢？

Work
Smarts
What CEOs Say
You Need to Know
to Get Ahead

问老板：是什么在阻碍了你前进

问了这么多关于 CEO 怎么招聘人才的问题，我开始问他们，是什么阻碍了人们职业生涯前进的脚步。

克里斯·伯奇是零售企业的 CEO，他的第一个回答是恐惧。但是后来他又提及了第二个因素，是我感同身受的。

"我觉得一个人犯相同错误的次数体现了他们对工作的重视程度，体现了他们如何看待这个工作。我觉得他们应该考虑，从根本上讲，他们让上司的生活变得更好了吗？"他说，"他们让客户的生活过得更好了吗？他们让公司变得更好吗？我想，考虑这些问题的人将来一定会做到公司的高层。他们也很愿意把这些直白地说出来。"

这好像与我之前讲过的一个人是否讨人喜欢有关，也让我想起了那句真言，"我能帮你什么？"我承认，或许这句话说得还不够多，但我都已经快麻木到忽略这句话了。如果你是怀着"我能帮你什么"的心态去参加会议、和人共进午餐或是交谈，你会发现对方的回复往往会带给你惊喜。通常情况下，他们并不需要你的帮助，但是你会成为一个乐于助人的人，而不是一个捣蛋鬼。我想起了布鲁斯·拉特告诉我的，他有时候会留一些能力一般的雇员在公司，因为他们就像是公司的"黏合剂"。他们可以振奋士气，让组织团结在一起。

"我认为，阻碍人们前进的最大问题，就是他们不愿意说出需要或是想要什么——我把它叫作 'Ta-Da'① 时刻,"美国在线公司的 CEO 蒂姆·阿姆斯特朗说,"他们都只顾自己,工作做完才出现,然后说声 'Ta-Da'。他们没有想到大部分人都需要帮助。在以前,尤其是在工业时代初期,那时没有组织结构图,没有幻灯片,大家也没有一起商量和评估的过程。在百忙之中,你必须给出即时反馈,老板和员工之间会有一定的沟通交流。而现在,人们都只顾埋头干自己的活,一年才沟通一次,而不是建立起一个实时的生态系统。我想这阻碍了人们的前进。"

这是一个很有趣的概念,我自己都得承认我犯了这个错误。我也看到还有很多人,不管是男人还是女人,都在做同样的事情。一部分原因就是害怕问上司问题。"如果默默地做自己的工作,那么全部完成时上司肯定会很欣慰。"很多人都这么想。你的初衷是好的,但你或许会给人留下一个控制欲强或是团队合作精神差的印象。另外一个因素被山姆·泽尔和马丁·索瑞尔描述成是公司起步时的问题:他们都想把信息据为己有,会觉得传播这些消息后会被别人窃取想法,或者是想着用信息交换什么。一名女员工就是因此被山姆炒了鱿鱼,马丁则需要时刻防范公司里出现这种把信息占为己有的倾向。

"我想人们最大的问题是他们不会自己掌舵,"特蕾莎·泰勒说,"他们没有自己的伦理和道德底线,这也常常让人陷入困境。这就像他们脑中装的事太多了,头都大了,就会导致道德规范紊乱。过不了多久,在你知道之前,他们就开始破坏规则,在报销单上做手脚……类似的事情就这样开始发生了。"

---

① Ta-Da 起先指的是战斗冲锋前号角发出的声音。随着时间的变迁,"Ta-Da"的词性和适用场合发生了巨大的变化,现在已演化成反映主观情绪的感叹词。当人们传递或赠送某物给别人时,可以说"Ta-Da!",相当于"here it is"的意思;当人们准备向众人宣布一个消息或决定时,可以大声说"Ta-Da!",相当于"Attention!"

我们大多数人希望退休后会过上安逸的生活，能自由地去旅行，能尽情地做自己喜欢做的事，能有时间和家人共享天伦之乐。但是，CEO 们、领导们、A 型性格的人会有一点儿不一样，他们在离开自己的顶尖职位后，会突然坐上巴士，而不是每天浑浑度日。共和党总统候选人米特·罗姆尼在总统选举中被奥巴马击败后，他的安保人员一夜之间全都消失了。我们给米特·罗姆尼取了一个代号"标枪"（Javelin），给他老婆安·罗姆尼取的代号为""骑师"（Jockey)"，选举结束后的第二天早上，保密服务结束，"标枪和骑师的安保人员，所有的海报，一切都消失了。"几天之后，一张罗姆尼自己给汽车加油的照片在网上曝出。

阿诺·戈尔有一件广为人知的事情是，在选举失利后，他长胖了，还留起了胡子。而其他人却恰恰相反，比如吉米·卡特，在选举惨败后，仍不遗余力地去努力证明自己能够胜任总统一职，即使他在第一轮选举时就已经出局。

我问过一些 CEO 他们退休后的生活，有人不愿去设想，有人憧憬能够有时间打高尔夫球，和家人朋友来一场说走就走的旅行。还有一些人说未来不想退休，尽管可能是在一个小一点儿的公司，或者自己创业。沃伦·巴菲特开玩笑似地说，除非别人把他抬出办公室，否则他根本不想退休，他也完全没有退休计划。

"和其他的 CEO 相比，我更关注的可能是之后的生活，"安妮说，"这是一个非常消耗能量的角色，不管你多努力地试着去说那不是我的生活，那是我们大家的生活。我想让那些能够提供一些生命智慧的人了解，你是如何把那些伟大的东西娓娓道来的，如何把那些重要的道理讲得通俗易懂。我已经告诉过你，这是我做过的最难做的事情之一，我也乐于告诉人们，谁做得比较好。"

离开 Xerox 后，安妮成了保护儿童基金会的主席。曾一度有传言称，她会进入美国政府部门工作。

第 9 章
这才是真正的 CEO

其他的人可能会接受这样的工作邀约，这让他们可以去解决一些更高级的问题。不管怎样，作为一名 CEO 一般不用担心后半生用钱的问题。他们总是游走在权力人士和精英之间。但对于我们这些人来说，这是个非常重要的问题。

当你生命中一个主要的目标已经失去的时候，如何能继续创造出有目标的人生？

对每个人来说，这都是个艰难的话题，对那些已经取得过一些成就的人来说更难，就像俗话说的："站得越高，摔得越狠。"这样的例子太多了，例如，电影明星事业受挫后嗑药成瘾，奥运选手最后落到在沃尔玛当理货员。和很多 CEO 类似，很多足球运动员和篮球运动员在结束运动生涯之后，都遇到了经济上的困难，试图用余生来找回二十几岁时的辉煌。试想一下，如果你在二十几岁时达到了事业的巅峰，你还能做些什么可以超越的事情呢？

当然，答案是不明晰的。实际情况是，一份工作在任何时候都可能结束。这也完全取决于你下一步想怎么走。

有时候，答案就是你总想计划着还能做点儿什么。这就是企业家和女性不同于常人之处。企业家之所以这么做，是其 DNA 使然，他们总是想着还能做点儿什么。他们不会原地踏步，在一个地方待太久。雅达利的创始人诺兰·布什内尔曾毫不避讳地讲道，他现在工作的公司 BrainRush 将会成为他最大的成功。Brainrush 是一个教辅工具，帮助从幼儿园到高三的孩子们开发智力，以及学习诺兰自创的一套国际象棋方法。你可以说，这只是他个人的看法，他也同时吐露了内心的最大恐惧。"我想像贝蒂阿姨那样，到 103 岁时还那么敏锐。"

"我相信 Brainrush 将在明年上半年风靡起来，到明年的秋天，我再把公司卖掉，肯定会赚得盆满钵满，"他说，"我对现在做的事情充满信心，我们的市场营销做得很好，很多人也慢慢开始使用。我们已经证明，通过这款软件，能使教学速度提升十倍。效果也是相当不错的。教育领域的很多专家我都认识，我知道人们在想什么，我也知道一些问题的症结所在；我们有方法去解决那些症结。听起来似乎有些狂妄，但我确实做到了。"

女性之所以有优势，坦率地说，是因为在开始工作的那一刻起，我们就一直在纠结，除了照看孩子外，还有什么比这更重要的。我在快三十岁的时候才认识到这个问题。我从没想过做一个全职妈妈，但有时候例外。比如当我休了三到六个月的假，我就会想：我还要回去上班吗？我是不是可以做点儿什么新的事情？我喜欢自己现在做的事情吗？我今后的二三十年是不是就这样一成不变了？曾经有一段时间，我和妹妹还想着开一家儿童礼品公司，可从来没有付诸实际行动。

Work Smarts
What CEOs Say
You Need to Know
to Get Ahead

问老板：炒人是怎样一种感受？

我们或许认识很多被炒鱿鱼的人，但是炒人到底是一种什么感受呢？

哈维·格鲁伯已经在美国运通工作 8 年了，经历了公司的数次大起大落。

"炒人和裁员是很不同的，"哈维说，"炒人是一个个人问题。如果你要炒掉某个人，那就是因为他们不称职，或是不道德，抑或是他们偷了东西。但有些岗位，你可以容忍那些能力一般的人。"

我问他是否想过去挽留一些员工——那些只是不幸在某个部门被裁员的人。

"我刚来美国运通时，运营部门要重组，因此我们不得不关掉一整座运营中心——就是那个在佛罗里达杰克逊维尔的运营中心，所以有 2 000 人被裁了，其中有很多都是非常出色的人。我们当时的做法是，给那些工作能力出色的人一些机会，让他们去位于亚特兰大、格林斯伯格和南佛罗里达的其他中心工作。也就是说，他们可以暂时不会完全失业。那个运营中心有很多优秀的人才。"

"你不得不失去他们了。"我说。

"我们不得不失去他们。我们要关掉整个中心。我们别无他选。这也是一件很糟糕的事。所以你要用一个最人性化的方法去解决，尽量让这个过程简单轻松，也尽量在一个合适的时间去做。"

"所以他们能找到其他工作？"

他点了点头。

"你会感到愧疚吗？"

"不，我并不愧疚，因为我的职责是要为整个公司负责。有时候你就需要做这样的事情，你是砍掉这根枝干，还是一直等下去直到整棵树都死去？你必须要做这些决策，因为你不想让整棵树都枯萎。所以并不愧疚，只是会感到遗憾。"

在 2012 年的裁员大潮中，美国共有 150 万人被裁员——根据劳动统计局的数据，每一次的裁员人数都至少为 50 人。像思科、IBM 或是沃尔玛这样的企业，过去几年也都在裁员。有些公司的情况，是受到整体经济环境不景气的影响，还有一些是因为管理不善。不管是刚成立的新公司还是老牌企业，公司都要经历这样一个过程。即使那些年轻的企业家"多年的媳妇熬成婆"，最终变成了他们曾经鄙视的"那个男人"，也逃离不了这个过程。

就像动物搞笑照片网 www.Cheezburger.com 的 CEO 本·休（Ben Huh），在裁了公司三分之一的员工后他告诉《公司》杂志：

24 个人被裁了，我们现在还有 42 个人。这是我经历过的最难熬的一周。通常，我们在面对一个问题时，会从另外一个方向去解决。就像在丛林里看到一头狮子。但是我现在要从公司的利益出发，做出一个最好的决定，即使是在情感上很难接受，我也必须这么去做。

我采访过萨莉·克劳切克——华尔街上最著名的女高管之一，她当时正在思考下一步应该怎么走。她曾被两家华尔街的大公司炒鱿鱼，还引起了不少舆论关注，但她努力不让这些影响到自己的声誉。在花旗集团时，她被弄下台的主要原因是拥护小投资者；在美国银行时，虽然她所在的资产管理部门能带来很多利润，但新的管理层来了后，为清理门户而将她扫地出门。

萨莉给我讲了她第一次被炒鱿鱼后的经历。一位女高管当时对她说，你的职业生涯就此结束了。我听到后十分诧异——她是吃了什么雄心豹子胆（原谅我用这么粗俗的字眼）才敢说出这样的话。我问萨莉，你跟她很熟吗？

"不，不，我跟她不是很熟。她曾经也是一位很有名的女性，不过她当时说那番话的时候并没有什么恶意，话语里带有一丝感同身受，又有一点点同情，似乎在说'很遗憾，你的职业生涯要结束了'。但是现在……事实证明我的职业生涯并没有结束。金融圈那位被公开炒鱿鱼的女人，如今以一个新的身份重回职场，扮演着另一个更重要的角色。"

"像你这样的并不多。"我说，并努力回想着还有谁像她这样。佐伊·克鲁兹（Zoe Cruz）——摩根士丹利的前联合主管，离职之后再也无人知晓她的动向。艾琳·卡兰（Erin Callan）——雷曼兄弟的首席财务官，在金融危机期间崭露头角的年轻女新星，然而当人们发现她对公司的资产负债表不是真正很懂后，立刻就把她给解雇了。

"我觉得也没有多少，"萨莉回答道，"所以，她当时的回答应该是基于历史经验和周围的情况做的判断。"

"当时你是怎么回应她的？"

"如果是你，你会怎么办？"她说，"其实我内心想的是，'你真是个讨厌的家伙。好啊，你看着，我们走着瞧。'"

她笑着重复："我们走着瞧。"

萨莉并不愿直说她接下来都做了什么。她的体内依然流淌着华尔街的血液，但很显然她渴望一个不同的方向。她间接地提道，在华盛顿和西海岸见了一些人。毫无疑问，她是一个被很多公司需要的人——实际情况是，好的女企业家非常之少。在标准普尔 500 指数的样本公司中，女 CEO 只有 20 位。这些公司的公关部门乐此不疲地为她们安排各种演讲的机会。

几个月后，有消息称，萨莉从前高盛高管手里收购了一家女性社交网络公司——85Broads。作为职场女强人，萨莉正在适应她的新角色。

在《纽约》杂志的一篇文章中，萨莉曾这样描述自己的事业转型："女性的问题总是突然出现，"她说，"我把自己看作是重返研究的分析师，数字对我来说是极具魅力的。"

在那篇文章的最后，萨莉仔细地讲了所有 CEO 离职时都会遇到的一个问题，安妮·马尔卡希在寻找这个问题的智慧解答和建议，我们每个人今后都会面临这个问题，那就是我们是否热爱我们的工作：如果不做这份工作，我们会去做什么？正如萨莉在杂志里描述的，当她离开美国银行时，寄来的圣诞节贺卡中，"95% 的人都提及了这个问题"。

第 10 章
CEO 们最讨厌的事

通常来说，我是一个随和的人，但是有两件事情令我非常烦恼：开车远低于限速，在机场安检时才开始翻找身份证件。

咳……我们都是凡人。我们都有各自看不惯的事情，我希望任何事情都不会困扰最明智的我们。但在我看来，任何人都会有烦恼的事，CEO 们也是如此。所以，最令他们讨厌的事是什么呢？

马丁·索罗，WPP 集团的 CEO："我讨厌听到语音信箱里说'对不起，我现在不能接听电话'，这很烦人。我也很讨厌邮件回复中写'我在飞机上或者发送失败'，尤其是有急事需要跟某人沟通的时候……这里有一个案例，可能在我们自己的团队中也存在这种情况，我给某人发送了一封邮件，他在邮件中回复道，'对不起，我正在橄榄树果园中度假，这里搜索不到 Wi-Fi。'这让我非常生气。我说道，'别在那儿度假了。'当你和客户打交道时，对方若得到这样的回复，你们可能就要分道扬镳了。"

沃伦·巴菲特，伯克希尔·哈撒韦 CEO："当人们拿出八张一美元的钞票叫我给他们签名的时候，只要我给他们签了，就会有越来越多的人来找我签名。"

山姆·泽尔，权益国际 CEO："侵犯我的个人空间。"

安妮·马尔卡希，施乐公司前 CEO："被迫一直发掘关系网。总是被要求施以恩惠。很久都没有联系的人一下子全部出现了，你得为多少这种人的孩子找工作！简直是永无休止的请求。"

埃隆·马斯克，特斯拉和 SpacexCEO："在太多的场合被要求发言。事实上，我不喜欢说不，也不喜欢拒绝别人，但这对于开公司和发言而言根本不可能。我的意思是，说真的我都觉得我的演讲很无聊。"

杰米·戴蒙，摩根大通集团 CEO："别耍花招，告诉我真相就好了。"

拉尔夫·索斯特恩，艾弗考尔投资银行 CEO："最烦人的事情就是出现了问题却没有立即告知相关部门。当有人走到我的办公室说，我们遇到了一个麻烦，我问他们什么时候发现的，他们却说是 10 天以前。"

萨莉·克劳切克，85BroadsCEO："我讨厌刻薄的言论和匿名的抨击。这让我很烦。我脑海里浮现出了这样的画面——愤怒的人独自坐在母亲家漆黑一片的地下室中，悄无声息地消失。"

蒂姆·阿姆斯特朗，美国在线 CEO："人们根据 CEO 的地位在心里杜撰一些事情。我不喜欢人们因为 CEO 在旁而为此打造一种浮华的环境氛围。我想要亲自了解人们的个性。"

卢·安布罗西奥，西尔斯控股公司前 CEO："给你讲三件我最讨厌的事情。第一就是人们跟我讲他们认为我想要听到的话。我知道自己在想什么，不要告诉我你认为我想听到的。如果我只是想要知道我的想法，我就不需要你的意见了。第二，要谈很长时间才可以进入正题，（所以）一开始就要切入正题。我很容易感到无聊，只有观点有趣，我才会有足够的耐心听完剩下的内容。我想说的第三件事情就是，当我给一个人发邮件时，我希望能够得到相对迅速的回复，回复应以小时计，而不应按天计。你知道的，时间是个位数的，最好是小的数字。"

苏珊·莱恩，AOL Brand Group 的 CEO、Gilt 集团前 CEO：唯一让我感到不耐烦的是，在我手下工作的人没有为即将发生的事情做好准备。比如在开会时，我发现自己对讨论的事毫不知情，而且这件事已经发展到最后阶段了。虽然我确实见过不少世面，认识的人和知道的事也挺多，但他们也不能这样考验我啊！'哦，天啊！他们又让我脑洞大开了。'"

鲍伯·本默切，美国国际集团 CEO："我认为最让我恼火的事情就是那些嚣张地说'你知道我是谁吗'的人。"

诺兰·布什内尔，雅达利、查克芝士创始人："我真的觉得那些招人讨厌的人需要克制自己。不要烦我，去跟你自己纠缠吧！"

Work
Smarts

04

个人心得

What CEOs Say

You Need to Know

to Get Ahead

Work
Smarts
What CEOs Say
You Need to Know
to Get Ahead

- 你的梦想应该在那些你最有机会做成功的事情上。
- 一旦你找到了自己所擅长的事物，而且坚持不懈地付出，成功的大门就向你敞开了。
- 学会如何快速做决定，也要学会在有了更好的点子后推翻这个决定。
- 在开拓事业的时候，有一群值得信赖的人和你共同打拼，是至关重要的。
- 想取得大成就的人，不会把自己周围的世界变窄，他们会努力拓宽自己的眼界。
- 女性和男性一样，也是有幽默感的，只不过方式不同。关键是要善于发现事物轻松的一面，要会把握展现幽默的时机。
- 只要你一直是"动起来"的，你就一定会达到另一个地方。倘若你不动，那就是停滞不前。

第 11 章

金无足赤，人无完人

最近一次我在奥斯汀拍摄完节目，回到酒店房间休息后，一觉睡到第二天早上。和往常一样，我醒得很早。很多人问，我这样每天早晨 4 点就起床去做早间节目坚持有多久了。我一般是这么回答的："有很长一段时间，我是早上 6 点才入睡的。"

这听起来有点儿惨，但却百分之百是真实的。那会儿我还在报社工作，我需要熬夜写报道。我不知道为什么我的编辑们都在伦敦，也就是说截稿日期通常是在东海岸时间早上 6 点。我也没有必要前一天晚上写好稿子，等到第二天早上编辑来看。当我的编辑都睡着了，不跟我纠缠一些细枝末节时，我的写作状态是最好的。

在生了一对双胞胎后，我就和这种夜猫子的生活说拜拜了。有孩子的日子，你是不可能睡到 10 点才起床的。我开始看很多早间节目，心想着什么时候我也能坐在镜头前主持那些节目。孩子们还没开始哭闹，一天的工作还没有开始，这样清早的时光会让人感觉平静祥和。我开始理解，为什么富有成效的人和 A 型人格的人喜欢在黎明前起床，然后开始健身。

在奥斯汀的那个早晨，我提前两个小时起床——早上 5 点——打开电视看到 Bravo 频道正在播一部纪录片《起点》(*First Position*) ①，讲述几个跳芭蕾舞的孩子，去纽约参加每年一度的芭蕾舞大赛的故事。故事情节很吸引人，但给我留下印象最深的是其中一个小角色。他叫朱尔斯·福格蒂（Jules Fogarty），是本片主角之一米可·福格蒂（Miko   Fogarty）的弟弟，弟弟的芭蕾舞没姐姐跳得好。朱尔斯是个英气十足的翩翩少年，但舞技一般。因为没有收腹，那位俄罗斯芭蕾舞老师不带一丝怜悯地对他吼叫。朱尔斯在舞台周围闲晃，而他那天鹅般的姐姐练习舞姿直到深夜。朱尔斯还被摄像机拍到在练习毯上睡着后打呼噜。

朱尔斯最后退出了比赛，除了他的妈妈外，所有人都不觉得意外。他现在又是一个活蹦乱跳的小男孩了，在电脑上打着电子游戏。纪录片导演采访他的妈妈时，她泣不成声，对儿子退出比赛的决定感到很错愕。"他说他对芭蕾舞没有热情，"孩子的妈妈操着一口日本口音的英语说，"我从没想过会是这样，"她继续说道，抹了一把眼泪，"他退出比赛，我太难过了。"

看到这个的时候，我做了一件可能大家都不会做的事情，那就是自己坐在宾馆的房间里对着电视机里的人说话。我想说的是，"朱尔斯的决定是对的，他其实是在帮你忙。他并不擅长芭蕾舞，所以他不喜欢跳。还好他只花了 10 年的时间来发现这件事。"

鲍勃·奈特会懂得我说的这番话。鲍勃是大学篮球队最出色的教练之一，正如他的那些辉煌历史一样，他的脾气也令人印象深刻。无论什么时候听到他的名字，人们都会提起"椅子事件"。那个场景是这样的——在电话里很生气地和对方吵了半天后，他把一个塑料椅子

---

① 纪录片《起点》以著名芭蕾舞比赛——美国青年芭蕾大赛（Youth America Grand Prix）为背景，讲述了 5 个 6~19 岁的孩子，在学习芭蕾的过程中，学会坚持，学会哪怕经历伤痛、沮丧也依然面带微笑的坚强背后，是如何为自己的理想奋斗的。

从篮球场上扔了出去。后来，大众汽车甚至用这个场景找他拍了个广告。

鲍勃那天来我们纽约演播室录节目宣传他的新书《消极思考的力量》（*The Power of Negative Thinking*）的时候，心情应该很不错，不仅因为我没有被他数落，而且他还答应改天再聊。不过，当我谈到他新招的运动员的父母时，让他着实有些恼火。

他说，所有的父母都认为自己的孩子会是下一个科比。但问题是，并不是每个人都擅长做所有的事情，而他们父母还在不停地告诉孩子们，你能成为你想要成为的人。

"我不知道这个社会给孩子们灌输了什么样的观念，又是如何为孩子们提供了实际的机会，"他说，"这又回到了'你能成为你想要成为的人'那个话题。有一个经典的例子，当迈克·沙舍夫斯基（Mike Krzyzewski）在西点军校还是大二学生的时候，我记不太清我当时是一年级还是二年级的总教练，我对他说，'我们有一些人的得分比你们高，投篮也比你准。我对你的期望是，好好拿着这个球，把它传给能够像吉米·奥克斯利（Jimmy Oxley）那样得分的人。你不能让吉米在场上被动。'迈克懂得这些，而且做得非常好。所以他一直在做教练。"（迈克之后成为了最有名的大学篮球教练之一，还打破了鲍勃的胜局纪录。）

"很多人并不愿意承认，有些事情他们做不到，"他继续说道，"这给他们内心造成了一些问题。告诉他们哪些事情做不到，比告诉他们能做些什么要重要得多。让他们知道这是一件好事。"

不过，这并不是说你不能有远大的梦想，只是意味着你的梦想应该在那些你最有机会做成功的事情上。这些都没问题。一个极其成功的人，也需要知道自己不擅长做哪些事情。而关键的问题是，有些人坚信自己一定能做成某事，而实际上他们并没有这方面的天赋。到最后得到的，并不是成功的人生，而只有失望懊恼和愤愤不平。

马里奥·加贝利（Mario Gabelli）是华尔街上最成功的基金经理之一，他身家数百万美元，还在做着自己喜欢的事情。他的致富理念和巴菲特非常类似：坚持价值投资股票，以低于它们本质的价值购买。

每一个成功的故事都有一个开局，马里奥的事业是从出生地布朗克斯（Bronx）开始的。在 20 世纪 70 年代大萧条最糟糕的时候，马里奥决定要为他人打理钱财，于是他就开了自己的公司。

"我是在 1976 年的 10 月份做的这个决定，开始做股票经纪商。我之所以没有做资产管理业务，是因为我还没有足够的信心能够募集到资金，"马里奥说，"但是我知道，我能为客户赚钱。1977 年 1 月 1 日，我开始写研究报告，得到了美国证券交易委员会的认证，我要去租办公场地，买打字机，印信头纸，招募固定的人手……我还要用批发价格弄来软件、电脑系统等。"

和所有创业者一样，马里奥知道自己擅长做什么，即使只有他自己一个员工，也要专心致志地把事情做到极致。"那个时候真是白手起家，电话公司当时在罢工，当时的办公楼里还没有公用电话，我打电话还得跑到街对面的投币电话亭去。有一次，正赶上暴风雪，一个哥们儿路过时看到我说：'马里奥，你说你在华尔街开公司，看来真的是在这条露天的街上啊！'"

要清楚地知道自己擅长做什么也并不是一件容易的事情。听起来虽然容易，但是大多数人都否认自己不会什么东西。例如，有研究显示，很多人认为自己的驾驶技术都是中上等水平。你不会也是这么认为的吧？

风险投资公司 Greylock 的企业猎头丹·波蒂略对此深有体会。企业家们在管理自己创建的公司时，都会遇到一些棘手的问题。当我问丹，他所投的那些企业家中，有多少是真正可以培养出好的职业经理人的，他说："我认为的那些非常出色的经理人，他们的职业生涯其实都非常短。"接着，他从 Greylock 投资的几十家企业中列举出了 4 个人作为例子，"Jive 软件公司的贾斯汀·菲茨休（Justin Fitzhugh）真是个出色的经理人。我记得贾斯汀当时管着三个团队，但团队成员完全摸不着头脑，不知道要干些什么。而贾斯汀知道哪些是关键的问题，并指明了方向，让团队成员开始朝着正确的方向努力。我认为，如何管理公司真是一门学问，但硅谷并不会教这些。"

"最难做好的一点是，当企业家们第一次尝到一点儿成功的滋味时，也要同时做好公司发展、企业成就、客户以及维持客户关系等工作。这时候也能看出一个人到底是不是一个好的经理人。"

Facebook 的创始人马克·扎克伯格走的最聪明的一步棋是，他把谢丽尔·桑德伯格招致麾下。当扎克伯格还是一个崭露天才锋芒的少年时，谢丽尔是那个成熟的长者，她懂得如何运作一家成长型的公司。一度曾有传言称，Facebook 会成为下一家 Pets.com，摆脱不了以惨败告终的命运。尽管如此，但这家公司还是从第一次公开发行股票的惨淡阴影中走出，成为一家收入稳定、日渐成熟的公司，而且领导层也很稳固。

说到这些，我想到了巴菲特曾经对我讲过的一番话。他当时提道，很多学徒一直问他，"你的热情是从何而来的？你是怎么知道自己擅长做什么的？"巴菲特对他的学徒说，那就一直寻找，直到找到答案为止。就像找自己的灵魂伴侣一样——一旦你觉得那个人是，那就是找到了。要听从你内心的想法。

杰米·戴蒙本可以成为室内装潢之王，但他听从了内心的声音，知道那并不是他真正想做的。银行业才是他的兴趣所在。他讲述了在被花旗银行炒鱿鱼后发生的一些事情。

"在我去第一银行工作之前，家得宝的三位老板肯·朗格尼（Ken Langone）、伯尼·马库斯（Bernie Marcus）和阿瑟·布兰克

（Arthur Blank）曾经找过我，想让我当他们公司的 CEO。我当时还真去和他们见了面，并在阿瑟的家里和他们吃了午饭。我告诉他们，'我必须承认，在你们叫我来之前，我从未去过一家家得宝。'他们说，'哦，这没什么，我们不在意这些。我们喜欢的是你这个人，是你的性格，你的正直，还有你的工作道德。其他的业务问题我们会教你的。"

"他们知道我不会去套他们的话。但若让我去当他们公司的 CEO，其实就能力上来说我是不称职的。我的意思是，当走进一家门店的时候，我并不知道这家店到底经营得好不好，我不知道库存是不是合理，整个营销是不是做得很好。"

"你真的进家得宝的门店看了吗？"我问。

"是的，自己去过不止一次，还和那三个老板一起去过多次。"

"然后你说，那就算了吧，我干不了？"

"没有没有，我对整个过程是很喜欢的。我很喜欢这门生意。但是，从我的角度来说，我需要仔细倾听我内心的想法。银行业才是我最熟悉的领域，我都已经做了 20 年了，我深爱这个行业。交易所和银行体系的那套东西我都了如指掌。我非常有信心能够做好一家金融公司。脱离了金融行业，我就会感到不自在。就好像是你打了一辈子的网球，然后突然让你改行去打高尔夫一样。"

与钢琴的不愉快往事

说回我在奥斯汀看的那部纪录片，我开始进一步思考，为什么我会和朱尔斯有共鸣。

或许是因为我从朱尔斯的身上看到了自己的影子。

当我还是一个 12 岁的小女孩时，父母告诉我，要开始学习弹钢琴了。但由于父亲工作的迁徙，这事之前一直没有定下来。随着全家人最后在费城定居，时间上较为合适，他就为我找好了一家音乐学校。

我想说的是，他对我学弹钢琴这件事非常上心。虽然平时在医院工作特别忙，但他还特意花时间去找了家当地最好的音乐学校和音乐老师，这足以看出他的用心。我记得那是一个雨天的晚上（一些不想做的事情总是发生在周末的雨夜），我被带到音乐学校后，父母马上就帮我报名注册。

"你想弹钢琴，是不是？"他再三认真地问我，我微笑着回答："当然！我想弹。"撒谎，撒谎，这完全是在撒谎。

我的钢琴老师长得不是很好看，她体形很胖，留着一头长发，对我笑起来并不是很友好。我的父母可能没有察觉，但这位老师还是一眼就能看出，我对她所从事的钢琴这行并没有太多的崇拜感。她盯着我的手指，似乎在怀疑它们能不能伸到足够长去按琴键。她想看我是否能够熬过枯燥的初期练琴，就拿了一段我认为是最不好听的旋律给我练习。

每次上钢琴课，我内心都是惧怕的，但这样的日子还是持续了一年的时间。当听说她要离开这所音乐学校时，我内心窃喜，终于有一个理由可以让我不去上钢琴课了。但事与愿违，我的父母说我可以继续去那位老师的家里上课。晴天霹雳啊！我居然还要跑到她那个阴暗沉闷的家里去上课。

于是，我就这样不情不愿地去她家又上了几个月的课。直到有一天，她实在是教不下去了，我也实在是不想学了，她有些生气地坐下来，很近地看着我。

"你并不是很喜欢弹钢琴吧？"

"是的，我真的不喜欢，"我回答，"但是我爸妈觉得我能弹好，他们希望我弹。"

"好吧，"她说着咬了下嘴唇，"其实……恕我直言，以你现在的水平其实赢不了任何一场比赛。既然你的父母给你花钱来上钢琴课，那你就学着弹些你自己喜欢的曲子吧！"

不知怎的，我们最后一起选了首情景喜剧《饮胜》（Cheers）的主题曲来练习。

以上这些我的父母并不知情，又过了几个月后，在他们看来，我已经能很好地弹奏约翰·塞巴斯蒂安·巴赫的 G 大调小步舞曲了。而实际上，我记得非常清楚，那时我才刚刚开始会弹 SamMalone 和 DianeChambers①。

中国的新春佳节到来之际，亲戚们都来我家欢聚团圆。

"思思，"爸爸叫着我的小名，"过来给叔叔阿姨们弹一首你学的曲子。"

接下来发生的事，你们懂得。

当我弹完时，房间里死一样的寂静。我的很多亲戚都是第一次来美国，他们在中国很少接触到西方的古典音乐，本是想着来感受一下这种高雅艺术的。我爸表现得镇定自若，好像他早就知道我学的是这首曲子似的。

后来我们家就再也没有说过钢琴的事了，课程也被取消了，我也再没见到过那位老师。

那架钢琴现在还放在我爸家的客厅里，像个墓碑一样静静地躺在那里。好多年没被人动过了——准确地说，是几十年了。我再也不敢

---

① SamMalone 和 DianeChambers，也被称作 SamandDiane，美国电视情景喜剧《饮胜》中的角色。

去弹《饮胜》的那首曲子，不然会勾起那段伤心往事。几年前，爸爸
终于对我说出了那句话："我猜，你从来就没有喜欢过弹钢琴吧！"

"是的，我很讨厌弹琴。"

但至少，现在我已经知道自己擅长做什么了。

第 12 章
人生的 5 点建议

当你采访了很多人，问了不少关于他们职业生涯的问题，最后总免不了会被采访对象问及你自己的情况。这种事经常发生。好几个CEO 都在采访间隙把问题抛向我："那么，贝蒂你是怎么做的呢？你有什么看法？"

说实话，这些问题很难用几句话来回答。有些采访对象的回答，真的会让我产生共鸣，比如萨莉·克劳切克和苏珊·莱恩，当他们说到女性常常会畏缩或者是不敢大胆表达自己的观点，而男人在这方面却丝毫没有问题时，我也感同身受。还有一些话题会使我觉得，自己还有很多地方需要学习，比如在谈判时需要更多地站在对方的角度来考虑问题。通过这些采访我发现，没有人是完美的，不少成功人士实际上此前也经历过很多惨痛的失败或者是被炒过鱿鱼，有的人被炒过还不止一次。他们能够这样坦诚地讲述自己曾经的失败经历，使我更加钦佩他们的自信。

比如杰米·戴蒙就曾讲过他被解雇之后的那段日子。

"我回到家，和三个女儿坐在一起，"他说，"那时候她们一个十岁，一个八岁，还有一个六岁。我说，'孩子们，我要告诉你们一件事情。我辞职了，也就是说我失去了工作。尽管如此，我还是想让你们知道我还好好的。'我的小女儿说，'爸爸，我们要去睡大街吗？'我说，'不，亲爱的，我们还住在这儿，我们都会没事，我们很幸运，

第 12 章
人生的 5 点建议

日子还和以前一样，不会有什么变化。爸爸待在家里 的时间要比以前更多些。'我那一心想上私立学校的八岁女儿说，'我以后还能上私立学校吗？'我说，'当然，你还是可以去上的。'我的大女儿说，'那么，如果一切都安好，你能把手机给我用吗？你以后应该不会用它了吧。'后来，一个以前公司的同事来找我（他身高一米九三）。当他敲门时，我的小女儿仰望着他问道，'你要找谁？'他说，'我找你爸爸，他是我的上司。'我女儿说，'你以后不用为他工作了。'"

有时候，一些 CEO 的坦率和直白，着实让我很吃惊。比如，约翰·钱伯斯就毫不避讳地告诉我，他会在洗手间里一待就是一整天。钱伯斯说，他这样做是有目的的。这是当他还是王安电脑公司（Wang Laboratories）的年轻老板时，从一位很有名的律师那儿学来的方法。

"那位律师年事已高，当时正在办理退休，我对他说，'能不能传授一些比较实用的经验给我？'他说，'不管什么时候，只要你有机会待在洗手间里，我希望你能多待一会儿，'然后他笑了，继续说道，'年纪越大，你会发现这越发重要。'"

"他刻意用很小的声音娓娓道来，因为他想让我仔细思考这句话，他接着说，'我告诉你的这些，你能明白吗？'我说，'是的，我懂了。'第一，不管什么时候，刚开完一个会后，你要好好消化这个会议的内容，在没有总结好下一步你要做的事情前，千万不要去开下一个会。第二，你还要提升锻炼一下这方面的技巧，比如在开下一次会议前你需要做好哪些准备，在开会时你要清楚地知道需要达成怎样的效果，有哪两三件事是你想要完成的。排除脑中的一切杂念，不要给自己太多的压力。所以，在洗手间是一种工具，时刻提醒着我如何借助这种领导方式更好地开展工作。"

还有一些 CEO，他们老实到让人不好意思——当然是我感到不好意思。哈维·葛洛柏曾经毫不避讳地跟我讲，他认为"女性比男性的收入少"这个观点是非常荒唐的。

"（运通的）任何一个岗位都是开放的，你能自主申请。每个员工每年都会接受一项考评，我们确保那项考评是透明负责的。我们会告诉每一名员工，他所在部门在公司的表现，以及为什么会给这样的考评得分，"他说，"我还记得，有一次有一组的女员工抱怨说，和同样的男性组员比起来，她们没有得到公平的待遇。他们都是公司专业的高级管理人员，不是普通的办公室员工，而是法务和人力资源之类的主管。在我们做完一项研究后发现，女性的待遇实际上比男性要好。在升职之前，她们需要花费的时间更少。在拿到同等职位的中位数奖金之前，她们需要经历的时间过程也更短。"

"但她们为什么还会感到不公呢？"我问。

"因为她们中有一些人没能得到升职，但原因并不在她们自身，而是在那些表现比较突出的人身上。"

他继续说道，一般而言每个人的水平都是差不多的，"但就男女差别来说，情况实际上是不一样的。女性往往会更加漫不经心一些，会更受情爱关系的影响，没有那么发奋图强，比男性更易受变化的影响。

"40 年前，我还在 IBM 工作，当时公司内部存在一个有争议的问题，那就是系统工程师一职能否由女性来担任。在当时的情况下，大多数女性一般是工作几年就结婚，然后辞职回家带孩子。现在这种情况也不少。问题是，你想要公司赚更多的钱，那还要不要在这些岗位上雇用女员工呢？

"我做了一个分析，最后发现公司的盈利实际上会稍稍减少一点儿，这是由很多不同的原因导致的。因为结婚和怀孕，女性离职的人数要比男性多得多。男人不会怀孕，也不会因为结婚而辞职，他们会因为有新的职业机会而跳槽……所以女性为公司带来的利润率要比男性少。原因是不一样的。"

"但也会有不同的看法吧。"我回答说。

"确实，看法很重要。"

"这很重要？一种是女性为了家庭而离职，一种是男性为了跳槽而离职。"

"这两种情况最后都是离职，所以原因是什么不重要了，"他说，"但问题是，当你看到一些虚假的统计，比如说女性的平均收入比男性少……我的意思是，这个统计是错误的。尽管如此，你还是能够听到这样的论调，所以你就会提出要同工同酬。如果你纠结于这些东西，最后的结局就是自己的机会越来越少。如果你现在想解雇一小部分女员工，那么还需要经历漫长复杂的程序，而且弄得人尽皆知。所以你最好还是雇用男员工，因为你开掉他时没那么麻烦。"

我想，美国的女企业家如果听到上述论断，肯定会气得火冒三丈。但这只是哈维的个人观点，不管对错与否，听到的人也没法跟他本人辩驳。和他吃完午饭后，我在回去的路上想，哈维所讲的这些是50 年前发生的情况，而这种情况现在已经改变了很多。

所以，我们要接受这种观点吗？谢丽尔·桑德伯格在她的新书《向前一步》里已经颠覆了这种观点，她论述的和哈维所说的虚假统计针锋相对：同工同酬。美国国务院高级政策官员安妮 - 玛丽·斯特劳（Anne-Marie Slaughter）在《大西洋周刊》发表的一篇文章中，描述了女性是如何不能接受这种观点的，曾引起过轩然大波。她的在线文章也广受读者关注。萨莉·克劳切克在 85Broads 赞助的一场论坛上也发表了演讲。至少，人们又开始讨论职场中的女性问题了，而且方向是积极健康的。

LinkedIn 上曾有一篇文章引起了我的注意，我们后来也做了一期电视节目，讲的是比利时的一个 CEO，她叫英奇·吉尔登（Inge Geerdens）。作为一个招聘公司的老板，她又非常清楚地讲了一遍我在她的博客上看到的那篇文章，标题是《我没有刻意平衡工作和生活的关系，但我过得很好》。

"我不需要平衡，"她写道，"我并没有刻意去寻找某种方法来平衡我的私人生活和工作。我就是努力地去过好每一天。从 2003 年我开了第一个公司开始，工作就占据了我大部分时间。有过成功的喜悦，有过失败的泪水，还遇到过危机；公司要扩张，要有新的发展，还要面临日常管理中的各种挑战。比如在公司遇到危机的时候，我就不能和家人一起去度假。我经常加班到很晚才回家，然后给孩子掖好被角。那是不是说孩子就被我忽视了呢？当然没有！"

看来，欧洲人比美国的中产阶级更会处理这类平衡生活与工作的棘手问题。

孩子们教会我的事

苏珊·莱恩跟我说，身为母亲，她从孩子们那儿学到了不少东西。

"我认为，像一位母亲那样去思考，会让你成为一名更好的 CEO，"她说，"当了妈妈后，你就知道善解人意是一个非常重要的品质。我要怎么说才能让别人理解我的意思、更好地懂得我的想法？怎样才能让不管是三四岁还是十三岁的小孩都能听懂？这是我们每个人都面临的问题。"

我也从孩子身上学会了三件事。

1. 最简单的解释是最好的。很多时候，我要求孩子们给我解释什么的时候（通常是孩子们干了什么坏事后），我会惊奇地发现，他们的说辞竟然可以如此简单。"我没有吃你包给我的芝士，因为在午饭的时候它已经变质了。""我踢开了橱柜门并把它弄坏了,是因为我当时拿着一箱水。对不起。"没有任何修饰或是其他借口。他们就是这样简单解释,然后继续做自己的事。这种情况下我也没有其他选择,只能接受然后去忙自己的事。

2. 专注。在孩子们小的时候,他们更需要得到我的关注。而现在长大了,他们在房间里打游戏或者是跟朋友出去玩的时候,更希望我不在场。大卫·巴里(Dave Barry)曾说过,"对于一个处于青春期的人来说,没有什么比面对父母更尴尬了。"更何况我还是个电视主持人,即使我不在家,孩子们也会从电视上看到我。看来我让他们感到尴尬的时候还真不少,但还好不是一天 24 小时。还记得他们四五岁时,总是缠着我让我陪他们玩。如果我总是拒绝他们的请求,就会闹得不可开交。最后我还是妥协了,好吧,那我就每个周末的晚上陪你们玩一个小时,其他的什么事儿都推掉。我们疯成一团,尽情地玩耍。因为我给了他们想要的关注,一个小时的陪伴后,他们会很满足。

我发现,有时候你只需花一个小时或者一点儿时间去专注某事,就能够完成自己想做的事情。而我们大多数人每天都在被各种杂七杂八的琐事烦扰。我有一个不好的习惯,就是喜欢在和人聊天的时候处理邮件,这会让别人感到不爽,到头来两件事都做不好。当我意识到该集中注意力做某事时,比如专门花一个小时去准备明天的节目,其效果就会比我花 5 个小时同时在做其他事情要好得多。心无旁骛、集中注意力是提高效率的重要法宝。

3. 乐观。孩子们在某些地方总是让我刮目相看。我本以为自己就已经够乐观了,但和孩子们比起来,我还是稍微逊色。每当我忧虑某事时,他们的回答总能拨云见日。鹿把我们家园子里的菜吃光了,没事儿,我们下次建个篱笆就好啦!桑迪飓风让我们连续四天断电断水,没事儿,至少我们还能讲鬼故事呢!飞机晚点两个小时,没事儿,我们现在可以去吃比萨啦!站在父母或者律师的角度看问题，我们往往会"凡事都往坏处想"，而孩子们却总能看到乐观积极的一面。

现在我心里已经很明确了，在采访了那么多 CEO 后，接下来我想总结一下我学到的 5 件最重要的事情。

1. 学会如何快速做决定，也要学会在有了更好的点子后推翻这个决定。

每一个 CEO 之所以能够坐到现在的位子，是因为他是一个很好的决策者。这或许是任何一个领导都要掌握的最重要的技能之一。

想起了广告大鳄马丁·索瑞尔在 LOGO 盾牌上写的"坚持不懈与速度"。他说，看一个决定做得好不好时，也需要看做决定的速度。

"我以前借用过一句话，'星期一做个坏决定，也比星期五做个好决定要好。'我理解的是，决定要尽快做，"马丁说，"我想这应该是我最喜欢的一句话了，'决定要尽快做'。大公司面临的问题是，缺少反馈机制，不会回应，官僚主义也会把简单的事情搞复杂。人们不愿意做决定的原因是，他们对决定总是犹豫不决，或者他们根本不知道答案是什么。我的父亲曾经说过，'拖延不是好事。'我觉得这句话说得很对。所以，很多人还没有做好决定，并不是因为需要花很长的时间来做决定，或者是需要很多的信息和数据分析之后才能做好……（而是因为）他们怕做决定……如果我还没有做好一个决定，那是因为我还不知道解决方案是什么，或者是那个解决方案令我害怕。"

特丽莎·泰勒在面试员工时，会安排吃午餐这一项考查内容。因为她想看看，面试者在做点菜这个简单的决定时表现如何。她认为，快速做决定也帮助她坐到了现在这个高管的位子。

"我并不知道我会踏足电信行业，所以整个事情都是顺其自然的，"她说，"可是我要说，虽然我没有刻意去做什么，但快速做决定的能力还是帮助我在职场中的地位不断提升。我想，人性的弱点之一就是不善于做决定。特别是当你带领一个团队时，就应该及时做决定，然后也要学会及时调整决定。"

"你为什么觉得人们做决定是一件很艰难的事情？"我问。

"我觉得这是因为有些人总喜欢说先等等，我想再多考虑考虑。其实这是一种犹豫不决和缺乏自信的表现。实际上，你是不能把问题的各个方面都考虑得万无一失的。当你做决定的时候，是基于你目前所掌握的情况，还与你所处的职位和内心的直觉有关。我以前常挂在嘴边的一句话是，'至少我们在手榴弹的射程里（指所做的决定在一定程度上能奏效），那就不算坏事。'因为没有人是完美的，而且世事无常，变数也有很多。所以，我认为自己之所以能够成功，是因为我有做决定的能力，在沟通中能够做到言简意赅、化繁为简。所以，我的团队都知道目标所在，非常清楚，非常明了。因此，我们一直勇往直前，而且做得如此成功。"

同样重要的就是要懂得一件事：如果一些新的信息，表明之前所做的决定不够好或者是完全错误的，那就需要及时进行调整。这个时候，人们往往会陷入困境。因为推翻他们之前所做的决定，会让他们的自尊心受到影响，内心感到挫败。承认自己犯了错误是一件很难的事情。显然，你需要的是更多正确的决定，而不是错误的。判断一个领导好坏的标准之一，就是看他能够在什么时候发现不对劲的苗头，然后改变决策方向。

巴菲特给投资者的年度致信有不少亮点，其中之一就是他承认自己做了糟糕的投资决定。巴菲特并没有拿当时的股价，来证明他当时的决策是对的，而是向投资者解释后来为什么会卖掉所有的股份。巴菲特还分析了错误投资决策的细节，过去的几年，他买了很多包括石油概念在内的股票，还收购了一家制鞋厂，但后来认为其实没有什么价值。

2. 需要一个好的团队。

每个 CEO 周围都需要有一群亲近的人，他们可以是高级管理团队，可以是朋友，也可以是人生导师。我发现，在成为 CEO 之前一直是单打独斗，但在当了 CEO 后就不能再孤军奋战了。

通常，在 CEO 身边的那些人都是追随了他们十年以上的"老人"。CEO 信赖他们，并和他们一起在职场成长。有时候也会对一些人产生过度依赖，一位 CEO 就曾开玩笑说，他曾经见过一位同行，"在去洗手间之前都要征求他们团队律师的意见"。

在开拓事业的时候，有一群值得信赖的人和你共同打拼，是至关重要的。他们未必是你公司里的人，而且大多数情况下他们确实不是。他们不见得比你更资深，有时候他们甚至和你不在一个专业领域。他们也未必比你更成功，但他们有着你没有的某种技能或者知识。埃隆·马斯克曾经说过他喜欢听一些负面的反馈意见，也是这个道理，你需要周围有一群能告诉你最坦诚的反馈的人。

蒂姆·阿姆斯特朗是 AOL 的 CEO，他曾经说过 NBA 的老板大卫·斯特恩（David Stern）就经常给他一些"直白的反馈意见"。大卫·斯特恩的领导才能也被很多 CEO 崇拜。

"他两周前的星期五给我打电话说，'你在干嘛呢？笨蛋。'我们聊天就这副德行，他是一个很棒的导师——你所信任的人会给你非常直接的反馈建议。"

一个好的 CEO 团队要由不同领域的专业人士组成——值得信赖的会计、能给出好建议的律师、能让你知道市场动态的地产经纪人，还有其他一些能让你跟得上进展的人。或许你不会很快组成这样一套人马，但你可以早做打算，要别人帮忙推荐人选。CEO 都喜欢用什么样的人呢？谁会免费把自己的时间给你？为什么 CEO 喜欢他们？

Work
Smarts
What CEOs Say
You Need to Know
to Get Ahead

谁害怕睡觉

人们总是问我，我采访过那么多企业高管，他们身上有什么相同的特质吗？

我仔细想了想后，发现他们有一个共同的特点：睡的都不太多。

他们中睡觉最多的人，要数沃伦·巴菲特了。但作为一位 82 岁高龄的老人，他的睡眠时间仍是不足的。他在笔记本里曾这样写道：

平均 6 到 7 个小时。

有时候 5 个小时。

周末有时会睡超过 10 小时。

国家睡眠基金会（National Sleep Foundation）的调查显示，一个成年人一天需要 7 到 9 个小时的睡眠。但是基金会指出，睡眠时间也因人而异。有些人只需要睡 5 个小时就能让机体正常运作，而有些人则需要睡将近 10 个小时。

CEO 们似乎都只睡 5 到 6 个小时。

山姆·泽尔睡 6 个小时。马丁·索瑞尔说："工作日睡 5 个小时，周末再补觉。"

"我一般睡 5 到 6 个小时……我也想多睡会儿，但是不行啊。"蒂姆·阿姆斯特朗写道。

女 CEO 的情况也没好多少。萨莉·克劳切克写道："我平常睡大概 6 个小时，周末睡 7 个小时。周末的时候我试着睡久一点儿，但生物钟还是让我准点醒。"

根据梅奥诊所的调查，长期睡眠少于 7 小时的成年人，死亡率要比其他人高。到底是因为睡眠少，还是因为睡眠少加上压力大呢？

普通老百姓的睡眠时间更长。《纽约时报》上的一篇文章说，三分之一的成年人能睡 7 到 8 个小时，这和医生学者给的建议正好吻合。

不过，这个睡眠时间可能是有水分的，有多少人能真正地在平日安稳地睡足这 8 小时呢？就算你晚上 10 点就上床，但睡着的过程或许就要花上一个小时，你还可能会在半夜醒来。事实上，美国是一个睡眠不足的国家。

我以前都是晚上 8 点准时睡觉，早上 3 点 45 分起床。而现在，要是能 9 点爬上床睡觉，那就很幸运了。我曾记了一周的睡眠日记，发现工作日一般只能睡 5 到 5 个半小时，这让我很苦恼。还有人告诉我，在周末补觉其实效果会更糟。

我的任务就是多睡一会儿。如果说有什么习惯是我不想从 CEO 们那里学到的话，就是我想要睡美容觉。我们其他人也应该多睡觉。

坏的建议得来很容易，而且到处都是。我有时候也很诧异，为什么有那么多人在做人生重大决定的时候，会向一些自己并不了解的人或者并不称职的人寻求意见。我认识的一个会计多次向我抱怨，客户总是询问一些理财建议——从会计那里寻求理财建议，就好像是问你的贷款经纪人如何去投资房地产市场一样。不过，如果你真要问，你也会得到建议，而且是免费的。但这个建议好吗？

3. 信息是关键。

并不是要你囤积信息，而是要你成为一个积极的信息消费者。这件事对我来说很容易，因为我每天都在是在和信息打交道，我们一直在交换信息、报道资讯。我工作的一部分内容就是持续不断地地阅读，让自己了解更新更全的资讯。

我采访的一些 CEO 还向我推荐过不少书。杰米·戴蒙说，他刚读完科林·鲍威尔写的《我赢定了》；吉姆·雷诺兹正坐在沙滩上看吉姆·柯林斯写的《从优秀到卓越》(Good to Great) 和《基业长青》(Built to Last)，他说已经记不清是"第四遍还是第五遍了"；哈里·威尔逊 (Harry Wilson) 给我推荐过鲍勃·布福德 (Bob Buford) 写的《中场》(Half time) 和约翰·博格尔 (John Bogle) 写的《够了》(Enough)；谢丽尔·克劳切克也提到过一本书《最毒妇人心》(Women's In humanity to Women) 等。

巴菲特会在他的办公室里坐上几个小时来看年报和财务文件。马里奥·加贝利出差时会带一个公文包，里面装满了他要读的研究报告。每次他来演播室做节目的时候，都会手不离纸，准备作为自己发表观点的参考。我每天的工作就是从阅读三四份报纸开始的。

为什么了解信息很重要？这让我想起了吉姆·雷诺兹所说的"带宽"(band width)。你的知识面到底有多宽？你对周围的世界有多大的好奇心？从得克萨斯的家庭主妇，到底特律的技工，再到纽交所的交易员，你可以坐下来和他们每一个人侃侃而谈吗？换句话说，你对周围的世界有充分的认知吗？

想取得大成就的人，不会把自己周围的世界变窄，他们会努力拓宽自己的眼界。他们会是非常健谈的人，因为他们对所有的领域都略知一二。曾几何时，你有没有在一群人的对话中突然不知所措，他们讨论的东西你从来都没有听说过。你再也插不上话。所以，广阔的知识面至关重要——这不仅使你成为一个渊博的人，也会让你更好地与人沟通。

要增进和某人的关系，最简单的方式之一就是给他们提供信息上的帮助。给你的老板发一封邮件，那条新闻他可能还不知道。即便他已经知道了，也会感激你与他分享信息。这并不是在烦扰他人，而是在帮助人。我们的工作团队会经常一起分享新闻和趣闻，我很喜欢这种氛围。我可以了解到一些以前并没有太注意的事情。当一些很重要的人发给你一篇新闻或一段视频的链接，那就打开阅读、观看，然后回复他们。你重视他们发的东西，他们会很高兴。当然，你也没必要像我或者其他专业人士那样，如此高频度地接收和消化信息。你只要比常人稍微努力一点儿，让自己能够跟上信息的脉动，保持对周遭世界的好奇心，那就会惊喜地发现，一个更加精彩的世界大门已经为你打开。

4. 要有幽默感。

如果有人叫我去演讲或者主持一场活动，我首先要想的一件事是：听众都是谁，我要给他们讲些什么笑话呢？

幽默是职业生涯中最被低估的技能之一。山姆·泽尔曾经说过，他自己能够成功的原因之一是，他能拿自己开玩笑，并没有太把自己当回事儿。我采访过的所有 CEO，他们都有一种幽默感，比其他人更风趣。他们都明白，一起说说笑笑，也是发展好关系的一部分。但是，和一些开不起玩笑的人相处，对我来说有些难。我还曾试图通过讲些开场白的方式，和听众拉近距离。如果我自己没有那么多笑话，那我就从《深夜喜剧之王》（*Kings of Late Night Comedy*）节目里借鉴一些。

幽默还能化解严肃紧张的氛围。我看科林·鲍威尔将军的演讲时发现，他那 45 分钟的演讲里 80% 以上都是幽默故事，而且真的很好笑，很多时候我都忍俊不禁。一位四星级将军像单口相声演员一样在台上妙语连珠，让所有人都喜出望外。将近一个小时，他的演讲抓住了所有听众的耳朵。

女性和男性一样，也是有幽默感的，只不过方式不同。关键是要善于发现事物轻松的一面，要会把握展现幽默的时机。在一个严肃的会议上，幽默显然是不合时宜的。但如果是在和老板两个人吃午餐时，如果是在一个会议开得每个人都精疲力尽时，如果是一段同事关系陷入僵局时，幽默就能发挥出它的效果。

我们在做节目时，也试图融入一些轻松幽默的元素，比如播报一则搞笑的新闻，或者主播和记者开个玩笑。虽然这些不会写成脚本，但我们会在适当的时候拿出来调节气氛。观众要看严肃的新闻报道，但他们也需要适当的轻松一下。《华尔街日报》网站有一个很著名的 "A-Hed" 栏目，里面都是些当天最无厘头的新闻，和其他的报道形式类似，而且还放在首页上。就像那些厚厚的严肃报纸一样，在需要深度报道的同时，也会加进一些幽默的版面。在谈到这个栏目时，《华尔街日报》曾经这样讲过，"《华尔街日报》的众多读者中，不乏看待人生过于严肃的人，他们也应该怀有一种退后一步去思考生命荒谬的智慧。"

时间回到几年前，彭博电视台的演播室里到处都是忙碌的身影，我们的频道要复播了。每个工作人员都在抓紧最后的几周时间演练。每个节目都要经过制片人、执行制片人的严格把关，最后要给彭博多媒体的 CEO 安迪·莱克（Andy Lack，他现在是彭博多媒体的主席）审一下。节目交到安迪那里，也就是离真正的直播开始不远了。

随着时间的推移，演练次数慢慢减少，一位资深制片人出了个点子。他让我们西海岸的资深记者乔恩·埃利希曼（Jon Erlichman）、《财智华尔街》的主持人亚当·约翰逊（Adam Johnson）和我，一起录了一段恶搞视频拿给安迪去审。我们之前的直播演练都是非常认真严肃的，唯独这一次，我们特意录了些安迪不希望看到的节目效果。

在那个恶搞短片里，先是我从走道里出来慢慢入镜头，然后乔恩不知什么时候冒出来和我一起朝前走，这时亚当从我的另一边走进来。然后我们三就在演播室的玻璃滑动门那等着它开，然后一起挤进演播室。我们坐在一张像小学生课桌那样的桌子前，开始讨论当天的新闻。

完全不知情的安迪看到那个糟糕的开场时，一开始有点儿生气。因为那是他明确交代了制片人和导播的，不能那么做。但随着后面的恶搞内容慢慢播放，他开始露出了笑容。在看完整个片子后，就听到了他那标志性的开怀大笑。这种方式很聪明，它让整个演播室的气氛不再那么紧张，也让我们更有信心：复播，我们准备好了！如果我们现在可以拿自己开玩笑，那真正直播的时候就没什么可担心的了。

5. 行动起来。

在本书的最后我重复这一点，说明我认为这真的很重要。

或许，攀上金字塔顶端的人和那些不思进取自甘落后的人，他们之间的最大区别就在于，前者一直在勇往直前地"动起来"，从来没有停下来。

我所说的"动起来"，未必指的是身体上一定要行动起来，而是说要做一些实际的事情。

下面我来讲一个人的例子，但不能告诉你这个人是谁。

我认识的一位企业高管刚刚辞职，认识他的人都在私下议论，说他其实没有真正准备好要离开。创业对他来讲是一件很难的事情。我后来跟他聊过几次，每次他都告诉我，最近在参加什么会，又见了谁谁谁，讨论了些什么，马上又要飞到哪里去。显然，他并不能告诉我更多的细节。他当时给我的感觉是，总是在不停地参会、见人、交换想法，一直在行动着，然后看看下一步怎么走。很难说，他到底是在进步，还是在原地打转。

几个月后，他得到了一个很高的职位，从电话里听起来他也释怀了很多。似乎他之前付出的努力是为了证明什么，而现在他已经证明了。即使你已经站到了行业的顶端，即使你已经证明了自己，但你还在不断地忙碌着勇往直前。就像你在玩闯关游戏，这样的脚步从不会停歇。只要你一直是"动起来"的，你就一定会达到另一个地方。倘若你不动，那就是停滞不前。

我再讲另外一个例子。

你看过《谁动了我的奶酪？》这本书吗？

这本书差不多出版 15 年了，00 后的小朋友估计听都没听说过。书尽管是在 20 世纪 90 年代写的，但其中的经验教训仍值得今天借鉴学习。

书中的主角有两方——袖珍小人哼哼和唧唧，两只老鼠嗅嗅和匆匆。他们都要在一个巨大的迷宫里寻找更多的奶酪。袖珍小人属于嘴上功夫型的，光说不练——这也反映出了我们内心的焦虑，我们害怕离开熟悉舒适的环境，遇到一点儿挫折就打退堂鼓，我们还总夸夸其谈而且心口不一。

老鼠的想法则更为单纯。它们就是不断地前进，碰壁之后就转个弯，然后继续前行。它们一直是"动起来"的，并不会去想为什么这里有个死胡同，或者为什么这条道路把我引到了一房间而里面没有奶酪。正如你能想到的，寓言的结局是，两只老鼠因为坚持不懈地行动而找到了世上所有的奶酪。一个袖珍小人后来也慢慢懂得了这个道理。书中留下了一个悬念，另一个袖珍小人不知道是否找到了通往成功（和奶酪）的路。

每次读这本书的时候，都会提醒我，成功的一大秘诀就是：心无旁骛、勇往直前。永远要行动起来，你终究会成功的。

译者序

译完本书后，我从新华社辞职了。

收到翻译邀约时，我还在纠结于是否辞掉干了五年的电视新闻主播的工作，转型去当一名文字记者。而这条路与本书作者贝蒂·刘的恰恰相反，她是由文字记者转型成为电视主播的。

作为金融信息服务提供商，彭博是全球行业标杆，报道以快速、准确、权威著称，其金融终端更是交易员们的标配。主持彭博电视台日间时段直播节目的贝蒂，在华尔街家喻户晓。美国资本市场大佬和商界领袖几乎都被她采访过，其中有不少还成为她私交不错的好友，自然也成了本书的写作素材。

与贝蒂经历类似，我大学毕业后进入新华社电视部门工作，此后五年，每个交易日上午九点到下午三点半，播报股市新闻、分析市场动态、采访专家学者……当时那个频道叫中国金融台，新华社想以此对标彭博，也自主研发了一套终端，只不过多年过去并没有太大起色。

和贝蒂比，我是庆幸的，得益于中国新闻事业传统体制的便利，大学刚毕业就能坐上主播台，而这在美国几乎是不可能的。贝蒂此前一直在道琼斯通讯社、《金融时报》当文字记者，历练多年后才从CNBC开始电视生涯，之后加盟彭博。世界顶尖财经媒体都留有她成长的足迹，在我看来，这才是一条电视财经主播的修炼正道。

和贝蒂比，我又是不幸的，一开始就放到那个位置，五年的主播工作让我惶恐不安。紧张节奏和超强压力下，不得不自我拔苗助长，一切都是"速成"的。因为电视传播效果的需要，曾经一段时间，"看一半、理解四分之一、零思考、双倍反应"是我的常态。镜头前需用成熟妆容掩去脸上的稚气，很多时候还要面对专业问题不懂装懂。

我的这种不幸其实是一种行业通病。纵观国内，且不说财经电视，就拿一般的新闻节目而言，主播多半是和我一样：本科学播音主持艺术专业，毕业后直接上岗，在录音棚和演播室里配音播音，离开了编辑记者写的稿子，半句话都不会讲；花更多的功夫在上镜怎么好看、声音怎么好听上，而对内容不求甚解，甘当花瓶和"读稿机器"；对写稿更是嗤之以鼻、拒之不及，还称并非本分。长此以往，大部分都应验了央视某位著名同行所说的话，"三年播傻、五年播痴"。

即将"播痴"的时候，我有机会开始翻译贝蒂这本书。对这位前辈，我并不陌生，在新华社此前组织研究彭博电视节目时，她的个人魅力和专业素养早就令我印象深刻。细读她的文字，更感其与国内很多主播同行写的书不同。她曾是一位老练的文字记者，敏锐的洞察力使其能抓住采访对象身上看似不经意、但能起关键作用的细节，并加以思考总结，将一条条鲜活的职场建议娓娓道来。

贝蒂很实在，虽然书中所写都是她多年记者生涯采访的所感所悟，但她摒弃了媒体人贯有的个人传记色彩，并没有太多着墨自己的从业经历和成长故事，而是给读者提供了更具有指导性和实用性的建议。

正是书中的建议，坚定了我暂离主播台的决心。相信每个面临职场困惑或发展瓶颈的人，都能从本书中获得启发。如今，我已在《财新周刊》和财新网做了两年金融记者。由文字记者转电视主播易，由电视主播转文字记者难，我走了一条和贝蒂相反的路。当我把上述思考告诉财新传媒总编辑胡舒立时，她说我转型文字记者是在进修、补课。

是啊，和贝蒂相比，我需要补的课太多了。来财新两年，写了400多篇网络新闻稿、50篇杂志长篇报道，对于一个在体制内媒体待了五年的电视新闻主播来说，此前是不敢想象的。但现在写得越多，就越发现自己的不足，尤其是回想起自己曾面对电视镜头一本正经地胡说八道，更是后怕。

贝蒂也在给自己补创业的课。在彭博电视台工作的同时，她现在成立了一家自媒体播客公司，已融资100万美元。估计她下一本书的主题将会是创业。

最后，我要感谢来自金融界的好友陈博伦、石小石、吴非、熊哲、王浚宇、杨浩，以及同行好友深圳卫视主播贾舒娅、张星月，新华社电视台主播李明明、任玮玮，中央人民广播电台主播李羚瑞，中央电视台主播钟石、欧阳智薇，他们在本书翻译期间给予了我莫大的帮助和支持。

岳跃

北京阅想时代文化发展有限责任公司为中国人民大学出版社有限公司下属的商业新知事业部，致力于经管类优秀出版物（外版书为主）的策划及出版，主要涉及经济管理、金融、投资理财、心理学、成功励志、生活等出版领域，下设"阅想·商业""阅想·财富""阅想·新知""阅想·心理""阅想·生活"以及"阅想·人文"等多条产品线。致力于为国内商业人士提供涵盖先进、前沿的管理理念和思想的专业类图书和趋势类图书，同时也为满足商业人士的内心诉求，打造一系列提倡心理和生活健康的心理学图书和生活管理类图书。

《工作的未来：移动办公及创业的另一种可能》

- 全面探讨了职业与劳动力发展的趋势，带领我们重新认识职场并让你做好准备迎接未来；
- 如果你认为过去那种将岗位与符合要求的人才进行匹配的方式是没有效率的，如果你是经理、营销人员、教育者，如果你是需要兼顾家庭与生活的父母，如果你是刚刚进入职场的新人，阅读这本书会让你透彻地看清未来，对不可避免的改变有所准备。

《我的人生样样稀松照样赢：呆伯特的逆袭人生》

- 互联网上最有趣、最具影响力的人物，20世纪最杰出的商业思想家和观察家，影响世界的《呆伯特》漫画作者、《纽约时报》畅销书作者。
- 以其独特的诙谐手法讲述了一个男人一路跌跌撞撞从无数尴尬的失败迈向成功的逆袭。

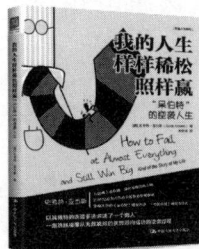

《幸福资本论：为什么梵高受穷，毕加索却很富有》

- 这不是一本教你如何成为有钱人的书；
- 你对金钱的看法、态度决定了你的幸福指数。这是一本帮你揭穿金钱的真相，学会创造价值换取财富，提升幸福指数的书。

《钢铁侠埃隆·马斯克：凭什么改变未来》

- 他是电影钢铁侠的灵感来源；
- 他被誉为最有可能超越乔布斯的梦想实践家；
- 他被奥巴马成为"美国最伟大的创新者"；
- 他是郭台铭、雷军等科技大佬最敬佩的年轻实业家；
- 他就是为改变未来而来的钢铁侠。

《为什么天堂不需要经济学家》

- 一部超好看、接地气的"另类经济学课本"，展现经济学的超凡魅力；
- 以幽默诙谐的方式解读民生问题背后的经济学常识，帮你炼就犀利双眼，识破生活怪象。

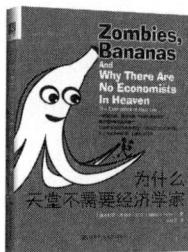

《优雅的辩论：关于 15 个社会热点问题的激辩》

- 辩论的真谛不在于辨明是非曲直，而在于缓和言论，避免曲解；
- 辩论的最高境界不在于输赢高低，而在于发人深省，以开放的心态达成妥协。

图书在版编目（CIP）数据

对话最伟大的头脑：世界顶级CEO的工作智慧/（美）贝蒂·刘（Betty Liu）著；岳跃译. —北京：中国人民大学出版社，2017.4

书名原文：Work Smarts：What CEOs Say You Need to Know to Get Ahead

ISBN 978-7-300-23521-9

Ⅰ. ①对… Ⅱ. ①贝… ②岳… Ⅲ. ①行政总裁—访问记—世界—现代 Ⅳ. ①K815.38

中国版本图书馆CIP数据核字（2016）第252391号

对话最伟大的头脑：世界顶级 CEO 的工作智慧

［美］贝蒂·刘 著

岳 跃 译

Duihua Zui Weida de Tounao：Shijie Dingji CEO de Gongzuo Zhihui

出版发行	中国人民大学出版社	
社　　址	北京中关村大街 31 号	**邮政编码**　100080
电　　话	010-62511242（总编室）	010-62511770（质管部）
	010-82501766（邮购部）	010-62514148（门市部）
	010-62515195（发行公司）	010-62515275（盗版举报）
网　　址	http://www.crup.com.cn	
	http://www.ttrnet.com（人大教研网）	
经　　销	新华书店	
印　　刷	北京中印联印务有限公司	
规　　格	155mm×230mm　16 开本	**版　　次**　2017 年 4 月第 1 版
印　　张	13.5　插页 1	**印　　次**　2017 年 4 月第 1 次印刷
字　　数	165 000	**定　　价**　49.00 元

版权所有　　侵权必究　　印装差错　　负责调换